장자

마음

교육

젊은 부모를 위한 장자 이야기

젊은 부모를 위한 장자 이야기

장자

마음

교육

이성미 지음

𝚒 인간사랑

언젠가 엄마가 될 딸에게

차례

서序

'장자'라는 사람

"장자莊子의 성은 장莊이고 이름은 주周다. 사마천의 『사기』에 따르면 장자는 양혜왕梁惠王 제선왕齊宣王과 같은 시대를 살았으며 일찍이 몽蒙이라는 곳에서 칠원리漆園吏를 지냈다."[1]

장자는 운둔자였습니다. 언제 태어나 언제 죽었는지, 어디에서 살았고 무엇을 했는지 알 길이 없습니다. 그나마 사마천이 남긴 몇 줄 기록에 의지해 그가 전국시대 위나라의 양혜왕(기원전 400~319년), 제나라의 제선왕(기원전 ?~301년)과 같은 시대에 살았고, 송나라 몽이라는 곳에서 산을 관리하는 칠원리라는 벼슬을 했을 것으로 추정하고 있을 뿐입니다.

---

1) 장자, 이강수. 이권 역(2005).『장자 I』. 서울: 길. 11쪽.

산지기 일로 생계를 꾸리던 보통 사람이 남긴 한 묶음의 이야기, 그것이 『장자』입니다. 『장자』는 내편, 외편, 잡편으로 나뉘어 전해졌는데 그 중 내편은 장자 자신의 저작이고 외편과 잡편의 대부분은 장자를 따르던 후학들이 쓴 내편의 변주로 알려져 있습니다. 고대 그리스 이솝 우화처럼 『장자』는 이야기책입니다. 이야기엔 메추리, 사마귀, 원숭이 같은 동물들이 등장하기도 하고, 신화 속 존재나 역사적 인물이 출연하기도 하고, 비천하거나 기이하고 추한 사람들이 주인공이 되기도 합니다. 그 가운데 장자가 직접 등장하는 이야기들도 있는데 우린 이 이야기들을 통해 장자라는 사람이 어떤 사람이었는지 짐작해볼 수 있습니다(물론 그 이야기들이 실제 있었던 일화가 아니라 누군가의 창작일지 모릅니다. 그렇다 하더라도 실제 인물을 주인공으로 쓴 이야기엔 그 인물의 정체성이 반영되어 있지 않을까요).

장자가 세상을 떠나려 하자 제자들은 스승의 장례를 제대로 갖추어 치르길 원했다.

장자가 말했다.

"나는 하늘과 땅을 관곽棺槨으로 삼고, 해와 달을 연벽連璧으로 삼고, 별들을 주기珠璣로 삼고, 만물을 제송齎送[2]으로 삼을 것이다. 내 장례에 필요한 것은 모두 갖춰져 있는데, 여기에 무엇을 더 보탤까?"

제자들이 말했다.

"저희들은 까마귀나 솔개가 선생님의 시신을 먹을까 두렵습니다."

장자가 말했다.

---

2) 연벽連璧은 이어진 고리 모양의 옥이고 주기珠璣는 진주 구슬과 잔이고 제송齎送은 길 떠나는 이를 위해 관에 넣어주는 여러 물건이다. 모두 장례에 쓰인 부장품副葬品이다.

"위에 있으면 까마귀와 솔개의 먹이가 되고 아래 있으면 땅강아지와 개미의 먹이가 될 것인데, 저쪽 것을 빼앗아 이쪽에 주어야 한다니, 너희들은 왜 한쪽 편만 드는 것이냐."

莊子將死 弟子欲厚葬之. 莊子曰, 吾以天地爲棺槨,以日月爲連璧, 星辰爲珠璣,萬物爲齎送. 吾葬具 豈不備邪, 何以加此. 弟子曰, 吾恐烏鳶之食夫子也. 莊子曰, 在上爲烏鳶食,在下爲螻蟻食,奪彼與此, 何其偏也.『장자』「열어구」

제가 읽은 장자라면 자신의 임종을 지키고 있는 제자들에게 '지금 땅강아지랑 개미 편드는 거냐'며 농담을 했을 법합니다. 그는 유쾌하고 솔직했습니다. 내편의 많은 이야기들은 물음표로 끝납니다. 삶과 세상에 대한 질문들을 던지고선 '난 답을 모르겠는데, 아는 사람?' 이렇게 끝을 맺습니다. 질문에 답이 있거나 알면서도 말해주지 않는 것이 아닙니다. 물음에선 자신의 우둔함을 탓하며 진심으로 답을 구하는 목소리가 느껴집니다. 그렇기에 독자는 그 물음표를 마음에 담습니다. 그의 질문을 되뇌고 스스로 답을 하기 위해 애쓰게 됩니다. 저는 그런 면에서 장자의 이야기책이 진정한 '교육서'라고 생각합니다.

장자에게 묻다

복숭아처럼 부드럽고 여린 아이 엉덩이에 붉은 손자국이 선명했습니다. 울음을 터뜨린 아이만큼 저도 소스라치게 놀랐습니다. 부모로 위장한 가해

자는 폭력을 합리화할 이유를 찾아 '이렇게라도 가르쳐야 해'라고 스스로를 설득하려 했습니다. 하지만 제 마음은 알고 있었습니다. '널 위해서'라고 포장하기엔 송곳처럼 뚫고 나온 나의 욕망과 의지가 너무 노골적이었음을. 그 것은 그저 위력을 가진 자가 자기 뜻대로 움직여주지 않는 다른 인격을 향해 자신의 위력을 행사한 것일 뿐 가르침도 사랑도 아니었죠. 부모라는 존재가 갖는 무모한 욕망과 그것을 실현시킬 힘이, 아무런 준비도 되어 있지 않은 나에게 주어졌다는 사실이 두려웠습니다. 그리고 그날, 늦었지만 부모가 되기 위한 공부를 하기로 결심했습니다.[3]

전 학부에서 철학을 전공했습니다. 영원히 용서를 구할 수 없는, 그래서 내 모든 질문의 그림자였던 아버지에게 따뜻한 안녕을 고할 수 있게 해줄 누군가를 만날지도 모른다…… 그런 기도 속에 선택한 과였습니다. 하지만 입학 후 만난 것은 천재들의 난해한 개념들과 밀려오는 열패감이었죠. 그렇게 전공을 선택했던 이유마저 흐릿해질 무렵, 홀연히 제 기도에 응답해 준 이가 장자였습니다. 전 다시 그를 불러 물었습니다.

"이제 그때의 아버지처럼 나도 부모가 되었어요. 언젠가 아이가 홀로 설 때 마치 부모가 애초에 없었던 것처럼 나를 잊었으면 좋겠습니다. 그럴 수 있을까요?"

---

3) 공부를 하는 동안 아이는 스스로 잘 자랐습니다(솔직히 고백하면 그 사이 아이 엉덩이엔 몇 번 더 손자국이 생겼답니다). 아이가 자라는 데 엄마의 공부가 도움이 됐는지는 잘 모르겠습니다. 그런데 엄마인 저에겐 도움이 됐습니다. 부모가 되기 위한 공부를 하겠다던 늦은 결심의, 아주 늦은 결과물이 바로 이 얇은 책입니다. 이 책은 저의 박사학위논문인 "장자사상을 통해본 부모마음교육"의 일부를 에세이 형식으로 풀어 쓴 것입니다.

여전히 아이인 채 부모가 된 저의 질문에 장자는 여러 이야기를 들려주었습니다. 이야기의 해석은 듣는 이의 몫입니다. 제 귀엔 '나를 잃어喪我' '서로를 잊는다相忘'는 장자의 독특한 사랑법이 유난히 크게 울렸습니다.

노자 『도덕경』에는 "천지는 불인하기에 만물을 추구처럼 여긴다天地不仁, 以萬物爲芻狗"는 표현이 나옵니다. 노자가 활동했던 당시 사람들은 '천지가 인仁하다', 다시 말해 '우주는 만물을 사랑한다'고 믿었습니다. 그런데 노자는 우주가 만물을 사랑하기는커녕 추구처럼 여긴다고 일갈합니다. 추구는 제사 지낼 때 썼던 풀강아지(풀을 엮어 만든 강아지)인데, 정성 들여 만들지만 한 번 제물로 쓰고 나면 다시 쓸 수 없었다고 합니다. 두 번 쓸 물건이 아니니 누구도 그것을 갖겠다고 집착하지 않고, 내 작품이라며 자랑하지도 않고, 이걸 가지고 무엇을 할까 계획을 세우지도 않았겠지요.

무엇을 추구처럼 여긴다는 말엔, 그것이 '나'의 무엇이 아니라는 의미가 들어 있습니다. 내 소유의 대상도, 내 삶의 의미도, 내 모든 계획의 끝도 아니라는 뜻입니다. '나'를 잠시 괄호에 넣고 그와 무심히 동행할 때 비로소 그는 자신의 삶을 만들어가게 됩니다. 부모와의 동행이 끝나고 홀로 자기 길을 걷게 될 때, 아이는 자신을 풀강아지처럼 사랑해준 부모를 잊은 채 말할 것입니다. 난 스스로 성장했어!

장자의 나지막한 목소리가 들립니다.

'마른 웅덩이에서 서로를 위한다며 아가미에 침을 뱉어주는 물고기들과, 강과 호수에서 자유롭게 헤엄치며 서로의 존재조차 모르는 물고기들, 당신이 물고기라면 어느 쪽을 선택하겠소?'

01

내가 낳았지만
나의 것이 아니다

바람이 불어 수만 가지 모양의 구멍들을 통과하면 수만 가지의 서로 다른 소리가 난다. 스스로 그렇게 된 것이다. 스스로 자기 소리를 갖게 되는데, 과연 무엇이 소리를 일으킨 것일까?

夫吹萬不同, 而使其自己也, 咸其自取, 怒者其誰邪.「제물론」

01

내가 낳았지만 나의 것이 아니다
생이불유 生而不有

우리는 자연이 부모에게 자기희생을 감수하면서까지 자녀를 낳고, 보호하고, 온전하게 성장시키고자 하는 본능을 부여한다고 믿어왔다. 유전자 안에 각인되어 있다가 부모됨과 동시에 활동을 시작하는 태고太古의 위대한 본능이 전체 생명을 유지하는 근원적인 힘이라는 사실을 의심하지 않았다. 그런데 최근 출산 기록은 있으나 출생 신고는 되지 않은 출생 미신고 아동에 대한 전수조사 과정에서 드러난 친모 또는 친부의 감춰진 잔혹 범죄들[1]

---

1) "2천123명. 2015년부터 지난해까지 8년간 출산 기록은 있으나 출생 신고는 되지 않은 '출생 미신고 아동'의 숫자다. 감사원의 보건복지부 감사 과정에서 이처럼 다수의 아동이 우리 사회의 보호 사각지대에 있다는 사실이 밝혀지면서, 1% 표본에 대한 현장 조사가 이뤄졌다. 그 현장 조사에서 온 국민에게 충격을 안긴 '수원 냉장고 영아시신' 사건이 먼저 드러났다. 이 사건 피의자인 30대 여성 A씨는 2018년 11월 3일 병원에서 딸을 출산하고, 이튿날 퇴원해 아기를 집으로 데리고 들어가 목 졸라 살해했다. 그는 딸의 시신을 검은 비닐봉지에 담아 집 안 냉장고에 유기했다. 이로부터 꼭 1년 뒤인 2019년 11월 19일. A씨는 이번에는 병원에서 아들을 낳고, 다음날 퇴원해 아기를 안고 귀가하던 길에 또 목 졸라 살해했다. 그는 아들의 시신 역시 같은 방법으로 냉장고에 넣어 보관했다. A씨의 범행으로 인해 두 아기는 세상의 빛도 제대로 보기 전에 친모의 손에 목숨을 잃고, 차갑고 어두운 냉동고에서 각각 4년 7개월, 3년 7개월간 유기돼 있어야 했다. 수원 사건을 계기로 표본조사가 아닌 전수조사가 필요하다는 여론이 높아졌고, 실제로 조사에 착수하자 갓 태어난 아기를 살해하거나 학대해 숨지게 한 뒤 유기한 닮은꼴 사건이 곳곳에서 드러났다. 2015년 다운증후군을 갖고 태어난 아기를 친부와 외할머니가 살해하고 야산에 유기한 '용인 영아 살인', 2019년 병원에서 홀로 출산한 아기를 퇴원 길에 살해하고 하천에 유기한 '대전 영아 살인', 생후 5일 된 아기를 살해하고 시신을 유기한 '거제 영아 살인' 등 일일이 나열하기 어려울 정도다." 《연합뉴스》 2023. 07. 22.

보며 그 믿음은 허무하게 무너졌다. 부모의 사랑은 본능이 맞나? 부모의 사랑은 정말 무조건적인가?

본능적이고 무조건적인 사랑의 능력을 보여주는 존재는 부모가 아니라 어쩌면 그의 어린 자녀일지 모른다. 부모가 되어본 사람이라면 누구나 알 수 있다. 어린아이는 부모를 무조건적으로 사랑한다. 심지어 부모가 자신을 학대할 때조차(잔인한 전쟁의 시대를 살면서도 모든 사람의 마음에 인仁, 그러니까 '사랑과 공감의 능력'이 존재한다고 믿었던 공자도 그 근거로 '자애慈愛'가 아닌 '효孝'를 먼저 이야기했다).

분노를 가라앉히고 찬찬히 생각해 봤다. 뉴스가 되었다는 것은 매우 드물게 일어나는 이례적인 일이라 뜻이리라. 일상의 평범한 부모들은 따로 배우지 않아도 자녀를 자기 자신처럼, 때로는 자기 자신보다 더 사랑하고 아낀다. 유전자의 명령이든 사회문화적인 밈의 작용이든 자기희생을 동반한 절대적인 애정이 보통의 부모에게 존재한다는 것은 분명해 보인다. 하지만 여기에서 한 걸음 더 들어가 생각해 보면, 자기 아이를 온전하게 지키고 키워내고 싶은 부모의 애정과 갓 태어난 자신의 아이를 살해하거나 유기한 부모의 비정, 이 두 가지 극단의 마음과 행위는 어쩌면 그 출발점이 같을지 모른다. 바로 내가 낳은 '나의' 아이라는 인식. '나의' 아이라는 인식은 어떤 부모에게는 아이 삶에 대한 무한의 책임을, 어떤 부모에게는 아이의 생사까지 결정할 무한의 권리를 가져다주었다.

너

현대물리학이 주장하는 우주 발생 가설 가운데 하나인 빅뱅이론에 따르면 우주는 138억 년 전 아주 작은, 너무 작아서 물리적 공간을 차지하고 있지 않은 한 점(점이라고 부를 수 있는지 모르겠지만)에서 시작된 대폭발로 시작되었다고 한다. 대폭발과 함께 공간과 시간과 빛 그리고 물질이 만들어졌고, 그 태초의 물질이 별을 만들고 생명을 만들었다는 것이다. 이것은 과학적 가설이고 과학자들이 계속해서 그 가설을 뒷받침할 근거들을 찾아 증명해가고 있지만 일반인들에겐 여전히 신화 같은 이론이다. 또 다른 현대물리학 가설은 우리 우주가 엔트로피, 다시 말해 무질서도가 높아지는 방향으로 움직이고 있다고 주장한다. 이 엔트로피 이론은 우리가 눈으로 관찰할 수 있는 세계에서는 적용할 수 없는, 열역학의 세계를 다룬다. 바람이 만든 사막의 사구를 보며, 창문에 달라붙은 눈의 결정을 보며 자연의 질서정연함에 탄성을 질러왔던 우리에겐 그저 고개를 갸우뚱하게 만드는 주장이지만, 열역학 제2법칙 엔트로피 이론은 열, 에너지의 차원에서 세계가 점차 무질서해지는 방향으로 변화하고 있음을 증명해왔다. 이런 대우주의 역사에서 우연히 유기물과 생명체가 등장한 것은 참 신비로운 일이다. 생명 현상은 거대한 우주원리 안에서 어떻게 설명될까? 현대물리학자 슈뢰딩거는 무질서를 향해 가는 자연의 경향성을 역행해 질서를 만들고 유지하려는 현상을 '생명'이라 정의했다.

물리학의 (통계적인) 법칙들은 사물이 무질서를 향해 가는 자연적인 경향성과 깊은 관련이 있다. ... 생명은 물질의 질서 있고 법칙적인 행동이며 그 행동은 물질이 질서에서 무질서로 이행하는 경향성에만 기반을 두는 것이 아니라 지속적으로 존재하는 질서에도 부분적으로 기반을 두는 것으로 보인다.

생명의 특징은 무엇일까? 언제 우리는 한 조각의 물질이 살아 있다고 말할까? 한 조각의 물질이 '뭔가 할 때', 움직이고 환경과 물질을 교환하는 등의 활동을 할 때, 그리고 동일한 조건에서 생명 없는 물질 조각이 '존속'할 것으로 기대할 수 있는 기간보다 훨씬 더 오래 존속할 때, 우리는 그 물질 조각이 살아 있다고 말한다.

- 슈뢰딩거, 『생명이란 무엇인가』

슈뢰딩거의 견해를 수용하자면 생명현상은 지속적으로 존재하는 한시적 질서에 기반을 둔 현상이며, 생명체는 스스로 질서를 만들고 유지하는 힘과 메커니즘을 가지고 있다. 그 힘, 생명력이 쇠하면 생명체 역시 무질서를 향해 가는 거대한 우주적 흐름을 따를 수밖에 없다.

슈뢰딩거보다 2천 년 먼저 살았던 장자도 생명현상을 그와 비슷하게 이해했다. 『장자』 「대종사大宗師」편에는 '천지일기天地一氣', 즉 '천지는 하나의 기[2]'라는 말이 나온다. 여기서 기는 현대어로 힘 또는 에너지에 가깝다. 장자는 생명현상을 이러한 기의 모이고 흩어짐(취산聚散)으로 설명하고 있다.[3]

생명체가 흩어지지 않고 기관과 세포의 질서를 유지하기 위해서는 외부

---

2) '기氣'자는 수증기가 모여 구름을 이루는 모양을 본떠 만들었다. 다시 말해 끊임없이 움직이며 변화하는, 보이지 않는 기운을 가리키는 말이다. 중국의 현대철학자 진고응에 따르면 장자 당시에 이미 '인간을 비롯한 모든 자연만물의 원질原質이 기'라는 기화론氣化論이 있었고 장자는 이 기화론을 기초로 죽음과 삶을 이해했다고 한다. - 진고응(1997). 『노장신론』. 소나무. 296쪽 참조.

3) "사람이 태어나는 것은 기가 모인 것이다. 人之生, 氣之聚也." 「지북유」. 유소감은 이 부분을 통해 장자가 당시의 자연 과학적 성과를 수용하여 자신의 우주관과 인생관을 정립했다는 주장을 하였다. "장자 철학은 당시 자연 과학 지식의 영향을 받았다. 그가 기의 취산聚散으로 생명의 발생과 소멸을 설명한 것은 생명 현상을 물질 세계의 변화 과정 속으로 끌어들였다는 것을 의미"한다. - 유소감(1998). 『장자철학』(개정판). 소나무. 40쪽.

로부터 끊임없이 에너지를 얻어야 한다. 그리고 한시적인 질서의 시간이 끝날 때를 대비해 자신의 핵심적인 부분을 복사해 두어야 한다. 생명의 유지와 복사라는 목적은 '의식'이라는 효과적인 수단을 만들고 진화시켰다.

먹을 것을 찾아 포도당 농도 기울기 속을 헤엄치는 세균을 떠올려도 좋다. 세균이 포도당 수용기를 써서 탐지하는 포도당 농도는 기울기 위쪽에 더 많은 포도당이 있다는 신호이고, 세균은 신호를 '해석'함으로써 포도당 기울기 속에서 방향을 바꾼다.

- 카우프만, 『다시 만들어진 신』

세균이 포도당에 끌려 이동하는 것, 바이러스가 가장 효율적으로 자신을 복사하기 위해 숙주를 이용하는 것, 진화생물학자 카우프만이 물리 화학적 반응으로부터 주체적 의식이 출현하고 진화했음을 설명하며 든 흥미로운 예들이다. 의식은 생명체가 환경에 적응해 살아남기 위해 환경을 관찰하고, 인지하고, 경험을 기억하고, 적용하는 생명활동이다. 그리고 인간의 의식 역시 환경에 대한 물리적 화학적 반응이 고도로 진화한 결과물이라고 말할 수 있다(물론 그 이상일 수도 있다. 카우프만은 모든 생명현상을 물리적으로 또는 화학적으로 환원시키려는 환원주의에 대해 강력하게 경고한 바 있다. 뿐만 아니라 의식 발달의 정점에 인간의 의식이 있다는 논리도 인간의 관점에서 볼 때만 성립한다. 어쩌면 저 창밖의 나무가, 눈에 보이지 않는 어떤 존재가 인간의 의식과는 비교할 수 없는 또 다른 차원의 의식을 가지고 있을지도 모른다).

의식의 기본 단위는 개체다. 이 세상의 모든 생명 현상은 탯줄이 엄마와 아이를 연결하고 있는 것처럼 매우 긴밀하게 연결되어 있다. 하지만 의식은 자신을 세계에서 분리된 개체로 느끼게 한다. 다시 말해 단세포든 다세포든, 식물이든 동물이든 세계를 해석하고 행동을 결정하는 의식을 가진 생명체는 '에고ego'를 가지고 있다. 에고를 지닌 모든 생명체는 '자신'의 생명을 유지하고 복제하려는 욕망을 가지고 있다. 이 필사적인 자기애가 없었다면 지구상의 생명은 벌써 절멸되고 없었을지도 모른다.

> 자아보존은 살아남으려는 생명의 본능이나 생명의 원죄로서 그것 또한 자연의 일부다. 인간은 자아보존을 위해 자연으로부터 일탈하여 자신을 주체로, 자연을 객체로 정립하려 하며 나아가 '제2의 자연'이 된 사회에서는 자신을 주체로, 타인을 객체로 만들려 한다.
>
> - 아도르노와 호르크하이머, 『계몽의 변증법』

아도르노와 호르크하이머의 분석처럼 인간의 자의식[4]은 보통의 생명체가 갖는 자기애 또는 자아보존 욕구를 뛰어넘는 또 다른 욕망을 출산했다. 이 철저한 에고이스트들은 유전자뿐만 아니라 의식 자체의 복제를 욕망한다. 나와 같은 생각을 하고 내가 원하는 방향으로 행동하는 '나'의 분신을 통해 자신을 확장하려는 꿈을 꾸는 것이다. 내가 아니지만 나처럼 움직이게 하는 힘, 인간의 에고는 그렇게 필연적으로 권력을 욕망하게 된다. 다시 말해 인간의 의식은 '나'라는 존재를 타자에 대한 영향력으로부터, 타자에게 행사

---

4) 자의식이란 "자기 자신을 자연 및 다른 사람들과 판이한 개체로서 인식하는 사고능력"이다. - Fromm, E.(1988). 『자유로부터의 도피』. 홍신문화사. 29쪽.

할 수 있는 권력의 크기로부터 확인하고자 한다. 타인에 대해 지배력을 행사하고자 하는 마음은 거의 대부분의 사람들에게서 발견할 수 있다. 사람들은 나와 생각이 다른 이를 인정하기 어렵고, 나의 기준에서 벗어난 이를 비난하기 쉽다. 나의 생각을 인정하고 수용해주기를 바라고, 나의 의지대로 타인이 행동해주기를 바란다. 타인의 생각과 행동을 나의 기준에 따라 변화시키고자 하는 의지는 타인의 몸이 아니라 타인의 정신을 소유하고자 하는 욕망이다.

ㅓ

어린 자녀는 부모에게 자신의 뜻을 실현시키기 가장 용이한 타인이다. 자신이 낳았고, 자신의 보호가 절대적으로 필요하며, 그리고 무조건적으로 자신을 사랑하고 따르는 존재가 바로 자녀이기 때문이다. 또한 부모는 자녀를 '나'의 연장이나 '나'의 분신으로 착각하기도 한다. 이는 자녀의 성취와 명예를 곧 부모 자신의 것으로 여기고, 자녀의 실패와 오명 또한 자신의 것으로 받아들이는 부모들[5]에게서 자주 확인되는 착각이다. 이렇듯 부모의 어떤 사랑은 자녀의 정신을 소유하고 자녀안에서 '나'를 실현하고자 하는 욕망으로부터 비롯된다.

---

5) "사랑은 일종의 자기애의 투영이며, 부모의 사랑도 이 법칙에서 전혀 예외가 아니다. 동일시에 이르는 길은 간단하다. 아들은 부모의 자아의 축소판, 곧 인생의 제2의 기회를 맞는 부모의 자아이기 때문이다. 그러므로 술 취하거나 비행을 저지르는 아들의 부모가 느끼는 지독한 치욕감은 본래 자기본위적이다. 아들이 망신을 당했다고 생각하기보다는 우리가 망신을 당했다고 생각하기 때문이다." - Neil. A. S.(1992). 『문제의 부모』. 양서원. 78-79쪽.

그대의 자녀들은 그대의 자녀들이 아니다. 그들은 생명의 갈망이 낳은 아들과 딸들이다. …… 그대는 활이며 그대의 아이들은 그 활을 떠나 날아가는 살아있는 화살들이다. 궁수는 영원의 길 위에 있는 과녁을 겨누고, 그의 화살들이 빠르게 멀리 날아갈 수 있게 힘껏 그대를 구부릴 것이다. 궁수의 손안에서 휘어지는 것을 기뻐하라. 날아가는 화살을 사랑하는 것처럼, 그는 또한 활을 사랑한다.

- 칼릴 지브란, 『예언자』

  칼릴 지브란의 말처럼 자녀는 부모의 몸을 통해 세상에 태어났지만, 그를 태어나게 한 이는 부모가 아니라 생명의 갈망 Life's longing for itself 이다. 부모가 활이라면 그 활에 화살을 실어 쏜 궁수는 생명 자체이다. 활이 화살의 주인이 아니듯이 자녀는 부모의 분신도, 부모의 소유도 아니다. 자녀를 자신의 분신으로, 소유로 여기게 만드는 것은 바로 부모 마음속의 '나'라는 의식일 뿐이다. 자녀는 부모의 몸을 통해 세상에 태어나고 부모의 보호와 사랑으로 자라지만 그는 '나'의 연장이 아니라 '나'를 통한 우주적 생명의 연장이다. 인간의 모성애와 부성애는 극한의 동토凍土에서 몇 달을 굶어가며 알을 품는 황제펭귄 못지않다.[6] 그러나 이 경이로운 부모의 본능이 '나'에 뿌리 내린 마음을 통과해 자녀의 정신을 소유하고 지배하고 주재하려는 의지로 나타날 때 그것은 때로 자녀의 타고난 자기창조 의지를 가로막는 질곡桎梏[7]

---

6) "남극에 서식하는 황제펭귄은 때로 영하 60~80도까지 내려가는 추운 겨울에 번식한다. 암컷이 알을 낳으면 수컷이 알을 자기 발 위에 얹은 뒤 아랫배의 피부로 알을 덮어 보온한다. 수컷 황제펭귄은 이 같은 포란抱卵을 아무것도 먹지 않고, 아무 것도 하지 않은 채 2~3개월 이상 지속한다. 알을 낳은 암컷은 체력을 보충하고 새끼에게 먹일 먹이를 구하기 위해 멀리 떨어진 바다로 떠난다. 포란을 하는 수컷의 체중은 포란 전 체중의 55-70%까지 줄어든다. 영양을 축적한 암컷이 돌아와 교대해 줄 때까지 수컷 펭귄의 목숨을 건 포란은 이어진다." - 오바라 요시아키(2006).『이브의 가슴』. 휘닉스. 113-115쪽.

7) '질곡桎梏'은 족쇄와 수갑을 뜻하는 말로『장자』「덕충부德充符」편에 나오는 표현이다.

이 되기도 한다.

ㅓ

이제 장자의 바람과 구멍 그리고 소리 이야기를 들어보자.

바람이 불어 수만 가지 모양의 구멍들을 통과하면 수만 가지의 서로 다른 소리가 난다. 스스로 그렇게 된 것이다. 스스로 자기 소리를 갖게 되는데, 과연 무엇이 소리를 일으킨 것일까(바람인가, 구멍인가)?

'도道'의 작용과 성격을 설명하기 위해 노자는 물을, 장자는 바람을 비유로 삼았다(붕鵬의 비상을 돕는 바람, 작은 생물들의 숨, 온갖 구멍의 소리를 만드는 대지의 숨결 등등, 장자는 바람의 메타포를 즐겨 썼다). 아인슈타인이 죽는 순간까지 찾아 헤맸던 '아름다운 하나의 방정식'처럼 고대 동아시아의 현인들은 우주와, 그 일부인 인간 세상을 관통하는 하나의 원리一以貫之를 궁구했고, 저마다 찾은 궁극의 원리를 '도'라고 불렀다.

어느 해 겨울, 신문에서 김용택 시인의 인터뷰를 읽은 적이 있다. 눈 오는 날 마루에 걸터앉아 그는 이렇게 말했다고 한다. "나무는 눈이 오면 그냥 받아들여요. 눈이 쌓인 나무가 되는 거죠. 바람이 불면 바람이 부는 나무가 되지요, 그냥 나무가 아니라. 새가 앉으면 새가 앉은 나무가 되는 거죠. 새를 받아들여서 새로운 세계를 만들어주는 거죠." 시인의 낭만적인 표현이지만, 장자가 말하는 도와 참 닮았다는 생각이 들었다.

이야기 속 바람이 도라면, 온갖 구멍들은 세상에 존재하는 모든 것들, 소리는 그것들이 드러내거나 창조한 것들이라고 볼 수 있다. 장자는 묻는다. 갖가지 모양의 구멍에 바람이 지나갈 때 높고 낮고 맑고 둔탁한 수만 가지 소리가 나는데 이렇게 다양한 소리를 만든 것은 구멍일까 아니면 바람일까?

결론적으로 소리가 만들어지기 위해서는 구멍과 바람, 두 가지 모두 필요하다. 공기의 흐름이 없어도, 마찰을 일으킬 공간이 없어도 소리는 나지 않을 테니 말이다. 바람이 소리를 만들 수 있는 것은 자기 소리가 없기 때문이다. 구멍이 소리를 만들 수 있는 것은 비어 있기 때문이다. 바람이 원래 자기 소리를 가지고 있다면, 그리고 구멍이 온통 자기로 채워져 있다면 소리는 존재할 수 없었다. 노자도 도덕경에서 같은 이야기를 읊조린다.

(도는) 생성하면서도 소유하지 않고 이루어주면서도 자랑하지 않고 길러주면서도
주재하지 않는다.
生而不有, 爲而不恃, 長而不宰. 『도덕경』, 51장

최고의 선은 물과 같다. 물은 만물을 이롭게 하면서도 다투지 않는다. 뭇사람들이 싫
어하는 낮은 곳에 처하기를 좋아한다. 그러므로 도에 가깝다.
上善若水. 水善利萬物而不爭, 處衆人之所惡, 故幾於道. 『도덕경』, 8장

노자는 도덕경 초입에서 '희미하지만 세상의 모든 것을 만들고 질서 짓는

어떤 원리가 존재하는 것 같다, 그것을 무엇이라 호칭하는 것이 여러 오해를 불러올 수 있어 위험하지만 그냥 도라고 부르겠다'고 운을 뗀다. 노자가 발견한 창조의 원리, 도는 세상 모든 것을 존재하게 하지만 자신의 것이라 하지 않고, 운동하고 변화하게 하지만 어떤 의지와 계획을 가지고 있지 않다. 도의 작용은 마치 물과 같다. 물은 생명을 구성할 뿐만 아니라 생명을 살린다. 인간이 생산해낸 많은 찌꺼기들을 정화시키고 논밭이 푸르게 일렁이게 하며 사막 한가운데 목마른 행인과 낙타들을 위한 오아시스도 마련한다. 그러면서도 물은 상대를 변화시키기 위해 다투지 않는다. 지나는 길에 놓인 바위는 휘둘러가고 각진 그릇이든 둥근 그릇이든 그 모양에 맞추어 자신이 먼저 변화한다. 그러나 결과적으로는 물이 그 끊임없는 흐름과 기다림으로 암반을 뚫고 해안의 모습을 변화시킨다. 노자는 최고의 덕으로 '겸허'를 자주 언급한다. 겸허는 도의 속성이며 양태다. 내가 낳았으나 나의 것이 아니며, 나로 인해 성장했으나 나의 뜻대로 움직일 수 없음을 인정하고 수용하는 마음과 태도, 그것이 겸허다.

소리 없는 바람과 빈 구멍이 소리를 만든다. 소리는 구멍의 모양을 닮을 수밖에 없다. 그렇지만 구멍을 떠나는 순간 소리는 세상과 부딪히며 바람을 타고 변화해간다. 소리는 구멍의 것이 아니며 소리의 변화 역시 구멍의 몫이 아니다.

02

생生은 명命이다

물오리의 다리가 짧다 하여 그 다리를 연장해준다면 근심하고, 학의 다리가
길다 하여 그 다리를 잘라준다면 슬퍼할 것이다.

鳧脛雖短, 續之則憂, 鶴脛雖長, 斷之則悲.「변무」

02

생生은 명命이다
안명 安命

새벽녘 꿈을 꾸었다. 버스를 타고 어디론가 한참 가다, 문득 어디로 가고 있는지 모른다는 생각이 들어 버스에서 내렸다. 돌아가야겠다는 생각에 길을 건너 반대편 버스정류장을 찾았지만 보이지 않았다. 버스정류장이 나타날 때까지 온 길을 되짚어 걷기로 했다. 그런데 아무리 걸어도 돌아가는 버스는 없었다.

'이러다 진짜 길을 잃어버리는 것은 아닐까? 다시 길을 건너 아까 탔던 버스를 탈까? 어디로 가는 줄도 모르잖아. 그래도 종점에 도착하면 반대편으로 돌아가는 버스가 있을지도 몰라.'

멀리에서 버스가 오고 있는 것이 보였다.

'길을 다시 건널까? 어떡하지?'

요즘 새벽잠이 없어진 때문인지 꿈속의 난감한 상황에서 벗어나고 싶었던 때문인지 눈이 떠졌다. 침대 가장자리에 떨어질 듯 모로 누워 잔 모양이다. 눌린 어깨가 뻐근했다. 창밖은 안개가 햇빛을 먹어 모든 것이 희미하게 잠겨 있었다.

우리 삶은 어디로 가는 줄도 모르는 버스를 탄 것과 같다. 분명히 내가 선택해서 탄 버스지만 정작 그 버스가 어디로 가고 있는지는 모른다. 누구나 올라타니 따라 탄 것일 수도, 사람들에 밀려 탄 것일 수도 있지만 내가 선택했거나 최소한 거부하지 않고 버스에 오른 건 맞다. 지하철을, 고속철을, 비행기를 선택한 사람들도 있을 게다. 우린 그렇게 서로 다른 시간의 속도를 느끼며 살아간다. 함께 가고 있는 많은 승객들을 보며 이 길이 맞을 거라고 스스로를 안심시키며.

삶은 편도 티켓만 발권된다. 시간의 화살은 돌아오지 않는다. 하지만 시간의 속도는 저마다 다를 것이다. 걷는 사람은 빠르게 가진 못하겠지만 대신 손등에 앉은 빨간 풍뎅이의 작고 까만 점에 시선을 모을 수도 있고, 지금 내 콧구멍으로 불어 들어온 바람이 코스모스를 스쳐온 것을 눈치챌 수도 있다. 돈이 있다면 고속철이나 비행기를 타고 더 멀리 더 높이 더 빨리 갈 수도 있다. 무엇이 더 나은 길인지 나는 알지 못한다. 언제나 걷고 싶었지만 용기가 없었고, 때로 비행기를 타고 싶었지만 능력이 없었던 나는 버스를 타고 내리기를 반복해왔을 뿐이다. 걷고, 타고, 날아서 도착하게 될 내 삶의 마지막 정거장은 어디일까? 장자는 그곳이, '너무 어려서 잃어버린 까닭에 까맣게 잊고 있었던 고향'일지도 모른다고 말한다.

삶을 즐거워하는 것이 미혹이 아닌지 내가 어찌 알겠는가? 죽음을 싫어하는 것이 어려서 (고향을) 잃어 돌아감을 알지 못하는 것인지 내가 어찌 알겠는가?

予惡乎知說生之非惑邪. 予惡乎知惡死之非弱喪而不知歸者邪.「제물론」

장자는 고향을 떠나 살았던 것일까? 『장자』에는 '돌아감(歸)', '고향(鄕)'이란 표현이 우수 어린 목소리로 종종 등장한다. 내가 태어난 곳으로 돌아감, 장자에게 죽음은 고향으로 돌아가는 일이었다.

ㅂ

「소요유逍遙遊」는 『장자』 내편의 첫 장이다. 대부분 저작의 첫 편은 그 저작이 쓰여진 이유와 목적을 드러낸다. '곤鯤과 붕鵬 이야기'는 『장자』를 여는 첫 이야기로서 우리는 이 이야기를 통해 『장자』 전편을 관통하여 흐르는, 장자가 전하고자 했던 중심 메시지를 확인할 수 있다.

북쪽 바다에 물고기가 있으니 그 이름은 곤이다. 곤의 크기는 몇천 리나 되는지 모른다. 그것이 변하여 새가 되니 그 이름은 붕이다. 붕의 등허리는 몇천 리나 되는지 모른다. 솟구쳐 날 때 그의 날개가 마치 하늘을 덮은 구름과 같았다. 이 새는 바다 기운이 움직여 큰 바람이 일 때 (일어나는 바람을 타고) 남쪽 바다로 날아가려고 한다. 이 남쪽 바다는 천연으로 이루어진 큰 호수다. …… 하늘의 짙푸름은 그의 진정한 빛깔인가? 아니면 멀어서 그 끝에 이를 수 없기 때문인가? 붕이 아래를 내려다볼 때 역시 (여기서 올려다볼 때처럼) 그와 같이 새파랗게 보일 것이다.

北冥有魚, 其名爲鯤. 鯤之大, 不知其幾千里也. 化而爲鳥, 其名爲鵬. 鵬之背, 不知其幾千里也. 怒而飛, 其翼若垂天之雲. 是鳥也, 海運則將徙於南冥. 南冥者, 天池也. ……天之蒼蒼, 其正色邪. 其遠而無所至極邪. 其視下也, 亦若是則已矣.「소요유」

북쪽 바다에 살던 곤이라는 거대한 물고기는 다시 거대한 새, 붕으로 전화하여 남쪽 천지天池를 향해 여정을 시작한다. 물고기는 물속에서 산다. 물은 그의 세계다. 물 밖의 세계는, 그 짙푸른 하늘은 그에게 알려지지 않은 위험이다. 그렇기 때문에 하늘을 날고 싶어 하는 물고기는 드물다. 물고기는 일정한 공간에 국한되어 일정한 관점으로 세계를 바라보는 보통의 사람들을 비유한다. 같은 물고기이지만 곤은 달랐다. 곤은 비상을 꿈꿨다. 그리고 마침내 붕이 되어 날아오른다.[1]

날아오른 붕이 바라본 땅은, 마치 땅 위에서 올려다본 하늘이 그러하듯 짙푸른 빛일 수도 있다. 왜냐하면 짙푸른 빛깔은 하늘이 본래 갖고 있는 색깔이 아니라 멀고 깊은 거리가 만든 색깔일 뿐, 날아올라 반대로 땅이 멀어지면 이번에는 땅이 짙푸른 빛을 띠게 될지도 모른다. 짙푸른 하늘이 알려지지 않은, 존재조차 명확히 드러나지 않은 또 다른 세계라고 한다면, 그 세계를 확인한 이후 돌아본 기존의 세계 역시 불확실하고 위험한 것은 마찬가지이다. 하나의 세계에 안주하고 있을 때 우리는 그 세계의 모든 것이 명징하고, 그 세계가 움직이는 메커니즘을 잘 알고 있다고 믿고 있지만 실상 명확한 것도, 알고 있는 것도 없다. 다만 그렇다고 믿고 있을 뿐이다. 그런데도 그 믿음에서 벗어나기란 결코 쉬운 일이 아니다. 쉽지 않지만, 그렇다고 불가능한

---

[1] 장자가 물고기와 새를 자기전화自己轉化의 상징적인 존재로 선택한 것에 대해 앨리슨은 다음과 같이 의미를 부여하였다. "나는 동물들이 무심결에 채택된 것이라고 보지 않는다. …… 물고기는 우리처럼 어둠 속에서, 인식론적으로 말하자면 무지 속에서 살고 있다. 그러나 그 물고기는 자신을 다른 생물로 변화시킬 수 있는 능력을 자기 내부에 지니고 있다. 변화된 생물을 나타내기 위해 선택한 것이 바로 새이다. 새를 소재로 채택한 것 역시 문학적 우연이 아니다. 새는 자유와 초월을 연상시키는 생물을 상징한다. 여기서 주제가 되는 메시지는, 무지에서 앎으로의 변화는 우리 모두의 내부에 잠재된 내적인 가능성이며 그 변화의 결과는 자유의 획득이라는 것이다." - Alison, R.(2004).『장자 영혼의 변화를 위한 철학』. 그린비. 91-92쪽.

일은 아니다.

곤과 붕의 이야기를 통해 장자는 인간이 세계를 이해하고 살아가는 서로 다른 차원이 존재함을 역설한다. 그리고 차원을 뛰어넘는 비약적인 의식 전환의 가능성을 보여주고 있다. 그것은 삶을 바라보는 관점의 총체적 전환이다. 관점의 전환은 태도의 전환으로 이어진다. 삶을 바라보는 관점의 차이가 삶에 대한 태도의 차이로 드러나는 가장 두드러진 예는 죽음에 대한 이해와 태도일 것이다.

ㅓ

장자는 인간의 힘으로 어찌할 수 없는, 부득이한 운명에 많은 관심을 쏟은 철학자였다. 인간의 힘으로 어찌할 수 없는 많은 자연적, 사회적 현상 가운데 죽음은 생명이 있는 존재자에게 가장 두렵고 완강한 운명이다. 많은 사람들은 죽음 때문에 삶을 허무하고 부조리하다고 느낀다. 장자는 어떤 측면에서는 운명론자였지만, 그의 철학은 결코 염세주의나 회의주의로 빠지지 않았다. 그의 운명론이 염세나, 회의, 체념과 다른 길을 간 것은 그가 삶과 죽음을 붕의 시선으로 관조했기에 가능한 것이었다. 우주적 관점(장자의 표현을 그대로 옮기면 '도의 관점以道觀之')에서 개체의 삶과 죽음은 양태의 변화일 뿐이며, 균형과 조화(천균天均)를 이루어 가는 자연의 흐름일 뿐이다.

기름은 땔감이 되는 데서 다하거니와, 불은 계속 전해져서 그 소진함을 알 수 없다.

指窮於爲薪, 火傳也, 不知其盡也. 「양생주」

기름은 불을 피우는 재료(땔감)일 뿐, 기름이 모두 소진되어 사라진 뒤에도 불은 영원히 전해진다. 앞서 말했듯 장자는 삶과 죽음을 기氣의 취산聚散으로 이해한다. 이로부터 유추하자면, 이 구절에서 불은 기를 비유한다고 볼 수 있다. 기는 우주를 유행하며, 모였다 흩어지기를 끊임없이 반복한다. 그렇게 생명이 생성되고 소멸한다. 개체의 의식은 태어남과 죽음을 존재의 시작과 끝으로 여기는 까닭에 삶을 좋아하고 죽음을 싫어하지만 우주 생태적 차원에서 삶과 죽음은 동일한 지위를 갖는다.

그것(자연의 조화)이 나를 죽음으로 이끄는데 내가 듣지 않는다면, 나는 그를 거역하는 셈이다. 그것에 무슨 허물이 있겠는가? 대지는 나에게 몸을 주고, 삶으로 수고롭게 하고, 늙음으로 편안하게 하고, 죽음으로 쉬게 한다. 그러므로 내 삶이 좋은 것이라면 곧 그 때문에 내 죽음도 좋은 것이다.

彼近吾死而我不聽, 我則悍矣, 彼何罪焉. 夫大塊載我以形, 勞我以生, 佚我以老, 息我以死. 故善吾生者, 乃所以善吾死也. 「대종사」

죽음은 삶의 끝이나 삶의 부재不在가 아니다. 마찬가지로 삶은 죽음으로 끝을 맺는 부조리한 현상이 아니다. 장자의 말처럼 내 삶이 좋은 것이라면 곧 그 때문에 내 죽음도 좋은 것이다. 인간의 실존을 부조리하다고 인식하는 것은 삶에 매몰된 개체의 의식일 뿐이다. 의식의 차원을 달리하면, 인간의 실존은 '나'라는 개체적 삶에 국한되지 않고 '우리'로, '세계'로, '우주'로 확장

될 수 있다.[2]

"내 몸을 구성하는 물질, 그걸 원자적 수준으로 내려가서 분석해 봤다. 그랬더니 수소와 헬륨만 빼고 모두 다른 별의 내부에서 만들어졌더라. 저 나무도, 저 바위도 마찬가지다. 별은 수명이 다하면 폭발한다. 수없이 많은 별이 폭발하며 퍼뜨린 원소 알갱이들이 뭉쳐서 지구를 만든 거다. 거기서 생명이 나오고, 나도 나온 거다. … 거기에 무려 138억 년이 걸렸다. … 그걸 아니까 이건 어마어마한 신비더라. 인생은 정말 치열하게 살 가치가 있는 거다."[3]

138억 년 우주의 시간 속에 '나'의 시간은 빛의 깜박임에 불과하다. 동시에 '나'의 생은 수십, 수백억 경우의 수 가운데 유일무이한 조합의 결과로 존재하는 것이다. 억겁의 시간과 우연이 만들어낸 찰나의 생명, "생生은 곧 운명命"이다.

조균朝菌은 아침과 저녁을 모르며 쓰르라미는 봄과 가을을 모르나니 이것은 수명이 짧은 것이다. 초楚나라의 남쪽에 명령이라는 나무가 있으니 오백 세로써 봄을 삼고

2) "(현대적 의미에서) 의식과 무의식으로서의 인심이 타자와 분리된 채로 사사로이 지닌 육체의 단위에서 생성된 사적인 영역이라면, 초의식으로서의 도심은 '하늘'에 뿌리를 두고서 모든 사람들과 만물이 함께 지니는 공공의 영역이다.…… 말하자면 도심은 개인이 소유한 하늘의 마음이요, 우주의 마음인 셈이다. 사람은 이 두 차원을 동시에 지니고 있다. 따라서 인심 차원에서 국한된 시각으로는 자신의 내면을 전체적으로 온전하게 바라볼 수 없다. 이는 에고(ego)를 자신의 모든 것으로 인식하는 꼴이다. 참된 자신은 인심, 즉 에고의 영역을 넘어서, 모든 존재가 공유하는 도심의 영역을 아우르고 있다. 이런 의미에서 참된 자신은 세계로부터 분리된 존재가 아니라 세계와 하나로 연결된, 그것을 포괄하는 존재가 된다. 참된 자신은 세상과 분리된 육체적 자아가 아닌 세상과 연결되고 하나 되는 우주적 자아이다." - 황금중(2012). 「잃어버린 교육전통, 전심(傳心)」. 『교육사학연구』 22(2).
3) 서울대 물리천문학부 홍승수 명예교수 인터뷰. 《중앙일보》 2013년 9월 25일.

오백 세로써 가을을 삼으며, 상고에 대춘이라는 나무가 있으니 팔천 세로써 봄을 삼고 팔천 세로써 가을을 삼았다. (겨우 칠백 세밖에 살지 못한) 팽조가 오늘날 오래 산 것으로 특별히 유명하여 뭇사람들이 그를 부러워하니 슬프지 않은가?

朝菌不知晦朔, 蟪蛄不知春秋, 此小年也. 楚之南有冥靈者, 以五百歲爲春, 五百歲爲秋. 上古有大椿者, 以八千歲爲春, 八千歲爲秋. 而彭祖乃今以久特聞, 衆人匹之, 不亦悲乎.「소요유」

'팔천 세'면 24만 년이다. 팔천 세로 봄을 삼는다면 대춘나무는 96만 년을 사는 셈이 된다. 조균은 새벽녘에 피었다가 아침 햇빛에 죽는 버섯(균류)으로 겨우 몇 시간의 생을 산다. 조균이 불쌍한가?¹⁾ 아니다, 조균은 이미 억겁의 시간과 수백억 분의 확률로 '존재'하고 있다. 대춘나무의 수명에 '비해' 조균의 수명은 미미하지만, 붕의 시선에서 오히려 그 차이가 미미하다(그런데 사람들은 칠백 년과 칠십 년의 차이도 놀라고 부러워한다). '존재'에 이른 시간과 확률을 생각한다면 우리 눈앞의 모든 차이들은 그 의미를 잃는다.

卅

물오리의 다리가 짧다 하여 그 다리를 연장해준다면 근심하고, 학의 다리가 길다 하여 그 다리를 잘라준다면 슬퍼할 것이다.

학의 다리가 길고 오리의 다리가 짧은 것은 환경의 변화에 따른 진화의 결과다. 진화는 무목적적이다. 정해진 목적을 향해 나아가는 것이 아니다. 목적지가 없으니 더 많이 진화했다, 덜 진화했다는 표현은 사실 올바르지 않다. 그들 나름의 이유와 선택이 낳은 현재일 뿐이며 진화의 초침은 알려지지 않은 미래를 향해 째깍째깍 움직이고 있다. 장자는 말한다. 정해진 길은 없다, "길은 걸어서 만들어지는 것"[4]이라고. 어떤 곳을 향하든 그곳으로 가는 길은 여럿이다. 자신이 가는 길이 또 하나의 길이 되는 것이다. 새옹지마 고사처럼 우리 인생엔 정해진 하나의 알고리즘만 있는 것이 아니다. 병약하기에 늘 자신의 건강을 돌보는 습관이 생겨 장수할 수도 있고, 앞이 보이지 않기에 다른 감관이 더 예민하게 발달할 수도 있다. 예단하지 말고 겸손하자, 지금 우리 앞에 일어난 일들이 훗날 어떤 결과로 나타날지 아무도 모른다. 어쩌면 같은 이유로 울다가 웃을 수도, 웃다가 울 수도 있다.

미래에도 여전히 작동할지 알 수 없는 과거의 경험과 통계의 바다에서 벗어나 붕의 날개 위에서 세상과 생명과 아이를 보라. 다리가 길든 짧든, 잘생겼든 못생겼든, 머리가 좋든 나쁘든, 활달하든 소심하든, 장애가 있든 없든, 아이의 '존재'는 황홀하리만큼 신비롭다. 심지어 그 존재가 나를 통해서 탄생했고 찰나의 생을 함께하고 있다는 것만으로도 마음이 벅차다. 별의 아이다.

---

4) "道行之而成." 『莊子』「齊物論」. 과거 동아시아의 철인들은 우주 변화의 원리 또는 패턴을 도道라고 불렀다. 다시 말해 도는 우주의 길, 하늘의 길을 가리킨다. 사람은 자연의 일부이니 자연 변화의 원리(순리)는 사람과 사람들의 무리에도 동일하게 적용된다. 따라서 도는 우주의 길이자 우리 삶의 길이기도 하다. 언어에 민감했던 장자는 도를 '도'라고 부른 까닭이 궁금했던 것 같다. 우주 변화의 원리와 패턴을 왜 '길'이라고 불렀을까? '길'이라는 호칭에 변화의 근본적인 특성이 반영되어 있는 것은 아닐까? 그는 "길이 다녀서 만들어진다道行之而成."는 점에 주목했다. 여기 험준한 산을 넘어야 하는 사람들이 있다. 이들은 서로 다른 루트로 산행을 시작한다. 누군가는 반나절 만에 산을 넘어 도착하고, 누군가는 산기슭을 둘러 이틀 뒤에 오고, 누군가는 영영 돌아오지 못했다. 사람들은 빠르고 안전하게 산을 넘은 이의 루트로 산을 오가기 시작한다. 험한 산을 가로지르기에 충분한 폐활량과 근육을 갖지 못한 사람들은 산기슭을 빙 둘러 가는 루트를 선택할 수도 있다. 그렇게 산길이 만들어진다. 오랜 시간 수많은 사람들의 검증을 거친 길은 빠르고 안전할 것이다. 하지만 만약 당신이 기성의 길에 만족할 수 없는 모험가라면 새로운 루트를 시도해볼 수도 있다. 도는 삶의 길이다. 우리가 찾아야 하는 길이며 동시에 만들어 가는 길이다. 편안하고 안전한 길을 선택해 물 흐르듯 살아도 좋고, 길 없는 길을 탐험하며 불사르듯 살아도 좋다. 노자와 장자는 도를 이것이다라고 규정하지 않았다. 삶엔 정해진 답이 없으니 우린 자유롭다.

03

거목은 목재가 되지 않았다

／／／＼＼

　　장자가 산속을 걷다가 거목을 보았는데 가지와 잎이 무성하였다. 벌목하는 이가 그 옆에 멈췄지만 (나무를) 취하지 않았다. 그 까닭을 물으니 '(목재로) 쓸 수 있는 것이 없다'고 하였다. 장자가 말했다. "이 나무는 쓸모가 없어 천수를 누리겠구나!"

　　산에서 내려와 옛 친구 집에 들렀다. 친구가 기뻐하며 심부름하는 아이를 불러 거위를 잡아 요리하라고 명하였다. 심부름하는 아이가 물었다. "한 놈은 잘 울고, 한 놈은 울지 못하는데, 어떤 놈을 잡을까요?" 주인이 말했다. "울지 못하는 놈을 잡아라."

　　다음 날 제자가 장자에게 물었다. "어제 산 속의 나무는 쓸모가 없어서 천수를 누릴 거라 하셨는데, 지금 주인집 거위는 쓸모가 없어서 죽었습니다. 선생님은 앞으로 어느 쪽에 처하시겠습니까?" 장자가 빙긋이 웃으면서 말했다. "...物物은 물 되게 하고 물에게 물 되지 않는다면, 누累가 되는 일이 있겠는가."

莊子行於山中, 見大木, 枝葉盛茂, 伐木者止其旁而不取也. 問其故, 曰無所可用. 莊子曰 此木以不材得終其天年. 夫子出於山, 舍於故人之家. 故人喜, 命豎子殺雁而烹之. 豎子請曰 其一能鳴, 其一不能鳴, 請奚殺. 主人曰 殺不能鳴者. 明日, 弟子問於莊子曰 昨日山中之木, 以不材得終其天年, 今主人之雁, 以不材死. 先生將何處 莊子笑曰 …… 物物而不物於物, 則胡可得而累邪.「산목」

거목은 목재가 되지 않았다
불물어물 不物於物

장자가 산속을 걷다가 거목을 보았는데 가지와 잎이 무성하였다. 벌목하는 이가 그 옆에 멈췄지만 (나무를) 취하지 않았다. 그 까닭을 물으니 '(목재로) 쓸 수 있는 것이 없다'고 하였다. 장자가 말했다. "이 나무는 쓸모가 없어 천수를 누리겠구나!"

산에서 내려와 옛 친구 집에 들렀다. 친구가 기뻐하며 심부름하는 아이를 불러 거위를 잡아 요리하라고 명하였다. 심부름하는 아이가 물었다. "한 놈은 잘 울고, 한 놈은 울지 못하는데, 어떤 놈을 잡을까요?" 주인이 말했다. "울지 못하는 놈을 잡아라."

다음 날 제자가 장자에게 물었다. "어제 산 속의 나무는 쓸모가 없어서 천수를 누릴 거라 하셨는데, 지금 주인집 거위는 쓸모가 없어서 죽었습니다. 선생님은 앞으로 어느 쪽에 처하시겠습니까?" 장자가 빙긋이 웃으면서 말했다. "...물物은 물 되게 하고 물에게 물 되지 않는다면, 누累가 되는 일이 있겠는가."

한강의 소설 『채식주의자』를 다시 읽었다.

"언제나 나는 과분한 것들을 좋아하지 않는 편이었다. 어린 시절에는 나보다 두세
살 어린 조무래기들을 거느리고 다니며 골목대장 노릇을 했고, 자라서는 넉넉히 장
학금을 받을 수 있는 대학에 진학했으며, 내 대단찮은 능력을 귀하게 여겨주는 작은
회사에서 내세울 것 없는 월급이나마 꼬박꼬박 받을 수 있다는 데 만족했다. 그러
니, 세상에서 가장 평범한 여자로 보이는 그녀와 결혼한 것은 자연스러운 선택이었
다. …… 내 기대에 걸맞게 그녀는 평범한 아내의 역할을 무리없이 해냈다. 아침마
다 여섯시에 일어나 밥과 국, 생선 한 토막을 준비해 차려주었고, 처녀시절부터 해온
아르바이트로 적으나마 가계에 보탬도 주었다."

- 한강, 『채식주의자』

이 남자의 평범하지만 만족스럽던 일상은 그의 아내 영혜가 꿈을 꾼 어느
새벽 무너져 내린다.

"꿈을 꿨어. 누군가가 사람을 죽여서, 다른 누군가가 그걸 감쪽같이 숨겨줬는데, 깨
는 순간 잊었어. 죽인 사람이 난지, 아니면 살해된 쪽인지. 죽인 사람이 나라면, 내
손에 죽은 사람이 누군지. 혹 당신일까. 아주 가까운 사람이었는데. 아니면 당신이
날 죽였던가……"
"뭔가가 명치에 걸려 있어. …… 어떤 고함이, 울부짖음이 겹겹이 뭉쳐져, 거기 박혀
있어. 고기 때문이야. 너무 많은 고기를 먹었어. 그 목숨들이 고스란히 그 자리에 걸

려 있는 거야."

- 한강, 『채식주의자』

영혜는 고기를 먹는 것도 요리하는 것도 거부한다. 평범함 때문에 그녀를 선택했던 남자로선 그녀의 변화를 용납할 수 없다. 그에게 그녀는 이제 낯선 존재가 되어버렸다.

채식주의자들은 대체로 생명에 대한 남다른 감수성을 갖고 있다. 그들은 다른 동물의 생명을 앗아 나의 생명을 유지시키는 일을 반윤리적이라 생각한다. 반면 채식주의에 반대하는 이들은 자연상태의 많은 동물들이 다른 동물들을 먹이 삼는 행위가 반윤리적인지 되묻는다(그들은 채식주의자들과 마찬가지로, 하지만 다른 이유에서 동물의 사육환경과 도축시스템의 개선을 요구한다. 그것이 건강한 먹거리를 얻는 방법이자 희생되는 생명에 대한 최소한의 윤리라 생각하기 때문이다).

자연상태의 원시인류는 사냥과 채집으로 생명을 유지할 에너지를 얻었다. 그리고 때론 더 강한 포식자에게 자기 목숨을 내주기도 했다. 불을 사용하고 사냥도구와 사냥기술이 발달하면서 인류는 한 계단 한 계단 먹이피라미드를 올라 드디어 최상위 포식자가 되었다. 그러던 어느 날 한 사냥꾼이 잡아둔 야생닭이 알을 낳는다. 얼마 되지 않아 예닐곱 마리로 늘어난 야생닭을 보며 영리한 사냥꾼은 결심한다. 예측 불가능한 사냥 대신 사육을 하기로.

종일 풀섶을 헤쳐 찾은 애벌레 몇 마리, 풀씨 몇 알로 주린 배를 달래던 야생닭의 삶에 엄청난 변화가 일어난다. 이젠 농부가 된 사냥꾼이 아침마다 마당에 곡식 알갱이들을 배부를 만큼 뿌려주고 들고양이를 막아줄 든든한 울타리도 만들어준다. 울타리 안에서 닭은 편안히 먹고 걱정 없이 병아리를 키운다. 언제 어떻게 죽을지 모른다지만, 그건 야생에서도 마찬가지였으니 그렇게 큰 손해는 아닌 것 같다. 어미닭은 가끔 산내음을 그리워하겠지만 울타리 안에서 태어난 병아리들에겐 바깥세상은 존재하지 않는다.

> 못가의 꿩은 열 걸음 가서야 한 번 쪼아 먹고 백 걸음 가서야 한 모금 마시지만 새장 안에서 길러지기를 바라지 않는다.
>
> 澤雉十步一啄, 百步一飲, 不蘄畜乎樊中. 「양생주」

우린 농부가 된 사냥꾼이다. 우린 꿩의 주인이다. 동시에 우린 새장 안에서 태어나 자란 꿩이고 울타리 안에서 길러진 닭이다.

ㅓ

"어제 산속의 나무는 쓸모가 없어서 천수를 누릴 거라 하셨는데, 지금 주인집 거위는 쓸모가 없어서 죽었습니다."

현실에서 우리는 재목이 못 돼서 거목으로 살아남은 나무들보다 울지 못해서 먼저 죽은 거위들을 더 많이 목격한다. 무용해서 생존한 경우보다 유용하지 않아서 도태되는 경우가 훨씬 더 많아 보인다. 쓸모없는 녀석! 쓸 데 없는 소리 하지 마! 당신이 우리 가족을 위해 해준 게 뭐가 있어? 안타깝지만 당신은 우리 회사에 필요한 사람이 아닙니다... 누군가에게 이런 소리를 듣는 건 상상하기조차 싫다. 그런 소리를 듣기 싫어서, 내가 얼마나 유용한지 증명하고 싶어서 우리는 열심히 공부하고 일을 한다. 나도 잘 우는 거위가 되고 싶다. 부모에게 기쁨을 주는 딸이 되고 싶고, 내조 잘 하는 아내가 되고 싶고, 현명하고 다정한 엄마가 되고 싶고, 도움이 되는 선생이 되고 싶다. 누군가에게 필요한 무엇이 되고 싶다.

문득 궁금하다. 어느 순간 '기능하기'를 멈춘다면 내겐 무엇이 남을까. 유용성이 사라진 나를 여전히 사랑해줄 사람이 있을까. 소설 속 영혜처럼 내 주위 사람들에게 낯선 존재가 되어 버려질까. 하지만 너무 걱정할 필요는 없을 것 같다. 기능과 쓸모는 상대적인 것이니까. 목수에게 쓸모없어 보이는 가지 많은 구불구불한 나무도 더위에 지친 나그네에겐 그늘을 준다. 나의 유용성은 상대가, 혹은 상황이 부여하는 것이다. 극도로 예민한 성격도, 좀처럼 움직일 줄 모르는 둔감함도, 앞뒤 가리지 않는 추진력도, 결정장애에 가까운 진중함도, 강한 자기애와 주관도, 흔들리기 쉬운 얇은 귀도 상황에 따라 꼭 필요할 때가 있다. 그러니 그냥 나로 살아도 되지 않을까. 나의 기능은 그 기능이 필요한 상대가 발견하는 것일 뿐이니. 그냥 나로 살면 그가 내게서 더 이상의 쓸모를 발견하지 못해 나를 떠나거나 버린다 해도 나는 여전히 나로 남아있을 테니.

기능만으로 누군가를 바라볼 때, 우리는 그가 갖고 있는 존재의 의미를 부정하게 된다. 소설 속 영혜의 남편은 영혜를 기능으로만 바라보았다. 마치 양계장에 켜켜이 쌓인 닭장 속 닭을 보듯 그녀가 자신을 위해 해주고 있는 것에서만 그녀를 보았던 것이다.

산티아고 순례길을 혼자 걷던 이에게 누군가 말을 걸어왔다고 하자. 지루하던 참, 재치 있는 입담에 이것저것 간식거리를 챙겨주는 세심한 그와 한동안 동행하기로 한다. 첫 만남은 보통 그에게서 내가 필요로 하던 것을 발견하면서 시작되기 마련이다. 며칠 함께 걷다 보니 다시 고즈넉한 순례길 분위기로 돌아가고 싶다. 그에게 작별을 고하고 다시 터벅터벅 발걸음을 옮긴다. 순례를 마치고 일상으로 돌아온 후 그 여정을 떠올릴 때 그는 깨닫게 될 것이다. 그 여정의 일부가 그때 그 동행으로 완성되었다는 것을. 기능이 의미가 되는 순간이다. 누군가 나의 여정에, 나의 삶에 어떤 의미로 작용했는가는 결과적인 것이다. 우린 어떤 의미를 얻겠다 결심하고 누구를 만나지 않는다. 그 만남이 어떤 의미를 가질지 우린 짐작조차 할 수 없으니.

┦

"物物은 물 되게 하고 물에게 물 되지 않는다면 무슨 피해를 입겠는가?"

수수께끼 같기도 돌림노래 같기도 한 이 문장은, 유용과 무용 중 어떤 것을 선택할 것인지 묻는 질문에 장자가 답한 것이다. 동양 고전에서 '物'은 주로 '나我'의 상대어로 나를 제외한 모든 객체를 가리킨다. '나'는 누군가에게 객체이며 기능이다. 현실적으로 객체이며 기능일 수밖에 없으며 또한 기꺼이 그렇게 됨으로써 누군가에게 의미 있는 존재이고 싶어 한다. '물이 물 되게 한다'는 것은 누군가에게 유용한 기능이 된다는 뜻이다.

문제는 그 유용성에 함몰되어 스스로 기능으로만 존재하게 된 사람들에게서 나타난다. 정년퇴직 후 일을 통해 맺었던 인간관계가 사라지고 가장으로서의 권위마저 위태로워지며 지금껏 무엇을 위해 달려왔나, 허무함에 깊은 숨을 내쉬는 분들이 그렇다. '물이 물 되게 한다'는 것이 누군가에게 유용한 기능이 된다는 뜻이라면 '물에게 물 되지 않는다'는 것은 그 무엇, 그 누구를 위해 일정한 기능으로만 존재하지 않는다는 뜻으로 해석될 수 있다.

장자에게 용用, 쓸모란 '물에게 물이 되는 것物於物'이다. 장자가 말한 '쓸모없음의 쓸모無用之用'는 아무 쓸모도 없는 사람이 되어 혼자 유유자적 천수를 누리라는 의미가 아니라 누군가에 의해, 혹은 사회에 의해 대상화된 기능으로만 살지 말라(물에게 물이 되지 말라)는 경고가 아닐까? 새장 안에서 태어나 자란 꿩이고 울타리 안에서 길러진 닭일지라도 그 존재의 목적이 누군가의 요깃거리가 되기 위해서라면 너무 슬프지 않은가.

廾

부모는 자녀가 사회적으로 유용한 존재가 되길 바란다. 그렇게 되면 자녀가 행복하리라 믿고 있다. 그렇다, 우린 누군가에게 어떤 기능을 하고 있고 그 기능으로 평가받는다. 또 누군가를 기능으로 만나고 기능으로 평가한다. 쓸모가 크고 많을수록 많은 이들이 그와 함께 하고 싶을 것이다. 이 관계의 역학은 부정할 수 없다. 그러니 아이의 행복이, 쓸모 있는 사람이 되어 사람들로부터 인정과 신임을 받는 데 달려있다는 부모의 생각은 틀린 것이 아니다. 문제는 쓰임과 쓸모를 익숙한 다중의 기준을 통해서만 확인할 수 있다는 신념이다.

> 혜시가 장자에게 말했다. "위나라 왕이 나에게 큰 박의 씨앗을 주셔서 그것을 심어 박이 영글었는데 그 씨가 다섯 섬이나 되었다네. 그 박에 물을 담았더니 (껍데기가) 약해서 들어 올릴 수 없었고, 쪼개서 표주박을 만들었더니 너무 커서 담을 만한 것이 없었네. 텅 비고 엄청 커다랗지만, 쓸모가 없으니 때려 부숴버렸다네."
>
> 장자가 말했다. "……자네에게 다섯 섬 들이 박이 있는데 어찌 큰 술잔 모양의 호로葫蘆(물에 띄우는 부표)를 만들어 강과 호수에서 수영할 때 쓸 생각은 하지 못하고, 박 속에 담을 것이 없다고만 고민했나? 자네 마음은 쑥처럼 막힌 모양이네."
>
> 惠子謂莊子曰, 魏王貽我大瓠之種, 我樹之成而實五石, 以盛水漿, 其堅不能自擧也. 剖之以爲瓢, 則瓠落無所容. 非不呺然大也, 吾爲其無用而掊之. 莊子曰, …… 今子有五石之瓠, 何不慮以爲大樽而浮乎江湖, 而憂其瓠落無所容. 則夫子猶有蓬之心也夫. 「소요유」

혜시에게 박은 물통이나 표주박으로 쓸 수 있어야 하는 물건이다. 그가 박을 때려 부순 것은 그 박이 지금까지 그가 알고 있었던 박의 유용성을 충족시키지 못했기 때문이다. 그런 혜시에게 장자는 이렇게 말한다. '왜 자네는 박을 반드시 무엇인가를 담는 용도로만 쓰려고 하는가? 호로로 쓰면 어떤가? 우리 의식이 어떤 것에 대해 일정하게 정해 놓은 유용성은 그것의 더 큰 쓰임을 간과하게 만드네. 때로 전혀 쓸모없어 보이는 것 안에 진짜 큰 쓸모가 있기도 하지. 자네가 가지고 있는 유용성의 척도를 내려놓고 보다 넓은 세상의 흐름을 보게. 그때에야 비로소 그것의 진정한 유용성을 발견할 수 있을 것이네.' 제한된 유용성의 척도가 지닌 한계에 대해 장자는 이런 이야기도 해준다.

> 송나라 상인이 장보章甫(은나라 사람들이 썼던 모자)를 사들여 월나라에 갔는데, 월나라 사람들은 머리를 깎고 문신을 하고 살아 쓸모가 없었다.
>
> 宋人資章甫而適諸越, 越人斷髮文身, 無所用之. 「소요유」

어떤 것의 유용성이란 유용성을 판단하는 척도에 의해 결정되는 것일 뿐, 유용과 무용은 일정하게 나뉘어 있지 않다. 은나라 사람의 모자가 아무리 아름답고 따뜻하다 하여도 머리를 깎고 문신을 하는 사회문화적 배경을 가진 월나라 사람에게 팔 수는 없다. 이 우화를 통해 장자는 제한된 '나'의 척도로 대상의 유용성을 판단하고, 때로 그 척도를 상대에게 무차별적으로 적용하는 행위를 비판하고 있다.

부모는 자녀가 성공하기를 바란다. 그러나 진정한 성공은 부모와 자녀 자신의 의식 안에 깊이 박혀 있는 유용성의 '습관적인 척도'를 벗어버릴 때 가능한 것이다. 부모는 자녀가 사회를 위한 유용한 그릇器이 되기 바란다. 그냥 그릇이 아니라 대부분의 사회구성원들이 인정하고 부러워하는 그런 그릇이 되길 바라는 것이다. 그리고 사회적인 기여는 바로 그러한 개인적인 성공을 통해 자연스럽게 이루어지리라 생각한다. 그러나 개인의 의식 안에 사회문화적으로 구성된 유용성의 척도는 부모의 바람과는 반대로 많은 자녀들에게 자신의 절대적 유용성, 절대적인 존재 가치를 모색할 기회마저 박탈해버린다. 유용성의 척도에 매달린 유능한 청소년들이나, 유용성의 척도에 의해 배제된 무능한 청소년들 모두 너무 일찍 스스로를 포기한다. 그들 모두 그 척도에 의거해 그저 하나의 기능이 되고자 한다. 같은 맥락에서 최근 젊은이들 사이에서 유행하는 '성공을 위한 스펙' 역시 자신이 하나의 기능으로서 얼마나 유용한지를 증명하는 제품설명서일 뿐이다.

장자가 산속을 걷다가 거목을 보았는데 가지와 잎이 무성하였다. 벌목하는 이가 그
옆에 멈췄지만 (나무를) 취하지 않았다. 그 까닭을 물으니 '(목재로) 쓸 수 있는 것이 없
다'고 하였다. 장자가 말했다. "이 나무는 쓸모가 없어 천수를 누리겠구나!"

거목은 목재가 되지 않았다.[1] 거목의 쓸모는 목재가 되는 데 있지 않았던 것이다. 목재가 된다는 것은 거목에겐 스스로를 해치는 일이다. 사람들이 거목에게 기대한 기능, 사람들이 만들어준 거목의 존재 목적은 거목에게 폭력적이다. 구불구불한 가지와 옹이는 거목이 치열하게 생존해온 흔적이다. 목수의 눈에는 떨궈내야 할 곁가지와 무성한 잎을 통해 거목은 세상을 호흡하며 교감한다. 그리고 '한 번도 의도한 적 없지만' 거목의 그늘은, 그의 호흡은

---

1) '대기만성大器晚成'이란 말이 있다. 노자『도덕경』 41장에 나오는 말이다. 흔히들 '큰 그릇은 더디 만들어진다'고 해석한다. 하지만『도덕경』 백서본은 '대기면성大器免成'이라 기록하고 있고, 앞뒤 문맥을 봐도 '대기면성'이 훨씬 자연스럽다. 대기면성은 '진짜 큰 그릇은 만들어지지 않는다'는 뜻이다.『논어』에도 '군자불기君子不器', 즉 '군자는 그릇이 되지 않는다'는 말이 나온다.

누군가에게 쉼과 숨을 준다. 물이지만 물 되지 않는 것, 그 어려운 것을 거목은 참 쉽게도 한다.

04

바다새 죽이기

옛날에 바다새가 노나라 교외에 머물자, 노나라 제후는 그 새를 데려와 종묘에서 환영연을 열었다. 새를 위해 구소九韶의 음악을 연주하고 소, 양, 돼지 고기를 대접했다. 새는 이내 눈이 부시고 근심과 슬픔에 싸여 한 점의 고기도 먹지 못하고, 한 잔의 술도 마시지 못한 채 삼일 뒤에 죽었다. 자신을 기르는 방법으로 새를 기르고 새를 기르는 방법으로 새를 기르지 않았기 때문이다.

昔者海鳥止於魯郊, 魯侯御而觴之于廟, 奏九韶以爲樂, 具太牢以爲膳. 鳥乃眩視憂悲, 不敢食一臠, 不敢飮一杯, 三日而死. 此以己養養鳥也, 非以鳥養養鳥也. 「지락」

04

바다새 죽이기
이기양양조 以己養養鳥

　　최근 스스로 생을 마감한 서이초 교사[1]의 추모공간에 시위 전광판이 등장했다. 전광판엔 "학부모가 죽였다"라는 문구가 번쩍였다. 교사들은 물론이고 많은 사람들이 이 문구에 공감을 표하고 있다. 자기 자식을 그 누구보다, 그 무엇보다 우선하는 부모들을 주변에서 늘 보아왔고, 누구나 한 번쯤은 그들의 무분별하고 배타적인 사랑에 눈살을 찌푸린 경험을 갖고 있기 때문이다. 사람들은 '내 자식이 소중한 만큼 남의 자식도 소중하다, 내 자식의 이익보다는 우리 공동체의 이익을 우선하라'는 도덕률을 부모들의 지성에 호소한다. 이 호소는 아마 별다른 효과가 없을 것이다. 왜냐하면 부모의 지성은 그의 이기적 유전자를 이겨본 적이 거의 없기 때문이다.[2] 자기 자식을 향한

---

1) "서울 서초구 서이초에서 극단적 선택을 한 채 발견된 교사 A씨(24)의 일기장에 학생 생활지도에 대한 어려움을 토로하는 내용이 있었던 것으로 나타났다. …… 서울교사노조는 무고성 아동학대 신고로부터 교사를 보호하고 무분별한 민원으로부터 교사를 보호할 대책을 신속하게 강구하라고 촉구했다." - 《중앙일보》 2023. 07. 25.

2) 오직 자기 자식에게 몰두하는 부모의 사랑은 인간에게만 나타나는 특정 현상은 아니다. 인간처럼 폐경 후 상당히 오랜 기간 생존하는 흑등고래의 어미는 새끼 고래가 장성한 이후까지 새끼를 돌본다. 출산 가능성이 사라지는 폐경 이후 생존 기간과, 새끼를 돌보는 데 투입되는 시간과 노력 사이엔 밀접한 상관관계가 있는 것으로 보인다. 인간의 경우 그 투입이 자

사랑은 이기적이고 배타적일 수밖에 없다. 그래도 부모를 변화시키고 싶다면, 다가가 나지막이 속삭여보라. '당신의 사랑이 당신의 아이를 죽이고 있다'고.

ᅥ

유가[3]의 태두인 공자孔子는 '인仁'을 강조했다. 인을 현대적으로 풀이하면 사랑이나 공감에 가깝다. 공자는 인을 한 마디로 '충서忠恕'라고 설명했다. 충서란 나의 마음으로부터 미루어 상대의 마음을 헤아리고, 나를 우선하고 싶은 욕망을 누르고 상대를 먼저 배려하는 마음과 태도를 뜻한다. 이때 상대를 배려하고 사랑하는 기준은, 너의 마음과 다를 바 없는 '나'의 마음에 있다.[4] 내가 좋아하는 것은 너도 좋아할 것이고 내가 싫어하는 것은 너도 싫어할 것이다. 내가 원하는 것을 너도 원할 것이고 내가 피하고 싶은 것은 너도 피하고 싶을 것이다. 공자의 견해를 따르면 공감능력은 나의 감정과 욕망을 예민하게 이해하는 것으로부터 시작한다. 그리고 그 마음을 상대에게 투사해 '내가 싫고 피하고 싶은 것을 상대에게 강요하지 않는 것己所不欲勿施於

식뿐만 아니라 손주에게까지 이어지는 경우도 많다. 새끼의 수도 관련이 있다. 적은 수의 새끼를 낳을수록 새끼에 대한 부모의 애착은 더 길고 더 강해지는 경향이 있다.

3) 장자가 살았던 전국시대, 유가의 위세는 꽤 강력했다. 제후들은 덕치 혹은 예치를 주장하는 유가의 사상이 실제 국가를 경영하는 데 그다지 유용하지 않다고 여겼음에도 불구하고, 덕을 숭상하는 군주라는 평판을 얻기 위해 유가 지식인들을 가까이했다. 유가사상은 사유재산의 축적과 더불어 자의식이 급속하게 성장하고 있던 개인들에게 공동체 우선주의를 선전하기에 유용한 이데올로기이기도 했다.

4) 논어의 이 구절에 대한 주희朱熹의 주석에 따르면, 충忠이란 타인을 대할 때 '진심을 다하는 것'이며, 서恕란 그의 마음을 '나의 마음과 같이 여기는 것'이다.

人', 그것이 곧 사랑仁을 실천하는 방법이라고 했다.

공자가 말하는 사랑은 다분히 자기중심적이다. 나의 마음과 너의 마음이 같지 않다면 이 놀랍도록 단순하고 선명한 사랑 이론은 힘을 잃는다. 아마 당대에도 그런 비판이 제기됐던 모양이다. 공자를 이어 유가의 아성이라 불리는 맹자는 공자의 견해를 뒷받침할 논리를 강화하기 위해 노력했다. 그는 사람들의 입맛에 비슷한 호오好惡(기호)가 있듯이 사람들 마음의 호오도 비슷할 것이라 주장한다.

> 입은 맛에 대해서 똑같이 느끼는 것이 있고, 귀는 소리에 대해서 똑같이 들음이 있으며, 눈은 색에 대해서 똑같이 아름답게 여김이 있으니, 마음의 경우만 유독 똑같이 그렇게 하는 바가 없다고 하겠는가? 마음이 똑같이 그렇게 하는 바는 무엇인가? 그것은 도리와 옳음이다. 성인은 내 마음이 똑같이 그렇게 하는 바를 먼저 얻었을 뿐이다. 그러므로 도리와 옳음이 나의 마음을 기쁘게 하는 것은 고기가 내 입을 즐겁게 하는 것과 같다.
>
> 口之於味也, 有同耆焉. 耳之於聲也, 有同聽焉. 目之於色也, 有同美焉. 至於心獨無所同然乎, 心之所同然者, 何也. 謂理也義也. 聖人先得我心之所同然耳, 故理義之悅我心, 猶芻豢之悅我口.『맹자』「고자상」

맹자의 논리는 이렇다. 마음은 본래 옳은 것을 즐거워하고 그른 것을 싫어한다. 어떤 일을 할 때 마음이 편안하고 상쾌하다면 그것은 올바른 일이고, 마음이 불편하거나 불쾌하다면 그것은 그릇된 일일 확률이 높다. 마치 아름답고 향기로운 것에 끌리듯 인간의 마음은 태생적으로 아름다운 행위에 끌린다. 유의해야 할 점은 이때의 마음이 사사로운 욕망이나 헛된 감정에 물들기 전, 순수한 본연의 마음이란 점이다. 내 마음이 진짜 좋아하는 것은 옳고 아름다운 것이다. 만약 노력 없이 부자가 되고 싶은 마음이 든다면 그것은 본래의 마음이 아니다. 그런 마음으로 도둑이 아들에게 절도 기술을 가르친 다면 그것을 사랑이라 부를 수 없다. 내 마음을 기준으로 타인의 마음을 헤 아리고 사랑한다고 할 때 내 마음은 순수한 본연의 상태여야 한다.

문제는 마음이 그런 순수한 본연의 상태에 이르는 것도, 그 상태를 유지하 는 것도 결코 쉽지 않다는 것이다. 쉬운 일이었다면 공자가 겨우 사흘 동안 인仁한 마음을 유지한 안회를 그토록 자랑스러워하지는 않았을 것이다.

> 진정한 사랑은 사랑하지 않는 것이다. …… 사랑이 일정한 기준을 따른다면 이루어
> 지지 않는다.
>
> 大仁不仁 …… 仁常而不成.「제물론」

'대인불인大仁不仁, 진정한 사랑은 사랑하지 않는 것', 이 네 글자로 장자 는 당시 유가의 사랑론을 정면으로 반박했다. 그는 유가가 말한, 태어날 때 부터 가지고 있는 마음의 호오好惡(시비, 선악, 미추를 분별하고 옳고 선하고 아름다운 것을 좋아하는 마음의 보편적 경향성)가 하나의 '일정한 기준'에 불과하며, 하나의 기준을 따르는 사랑은 사랑이 아니라고 말한다. 장자가 생 각한 본연의 마음은 어떤 기준도 담기지 않은 텅 빈, 그래서 무한의 공능을 가진 무엇이다.

성인聖人은 품어주고(懷) 보통 사람들은 분별한다. 분별하는 자는 반드시 보지 못하는 것이 있게 마련이다.

聖人懷之, 衆人辨之以相示也. 故曰辨也者, 有不見也.「제물론」

장자가 생각하는 사랑의 본질은 '보듬어 품는 것'이다. 그것은 이해고 수용이다. 성인의 사랑과 달리 보통의 우리가 대상을 품을 수 없는 것은 우리 마음이 일정한 기준을 따르고 있기 때문이다. 일정한 판단의 틀로 대상을 바라보면 반드시 놓치는 것이 있게 된다. 심지어 그 '일정한' 기준이라 부르는 것도 매순간 변하는 마음의 상태에 따라 강도와 범위가 달라진다.

뜨겁기는 활활 타는 불과 같고, 차갑기는 꽁꽁 언 얼음과 같다. 빠르기는 고갯짓하는 사이에 사해 밖을 오갈 정도이고, 머무르기는 고요한 연못과 같다.

其熱焦火, 其寒凝冰 其疾俛仰之間而再撫四海之外, 其居也淵而靜.「재유」

사람들의 마음은 어느 순간 불처럼 뜨거워지고, 어느 순간 얼음처럼 차가워지며, 고요한 물처럼 평화롭다가도 자기도 모르는 사이에 사해를 오갈 듯 요동친다. 그뿐인가?

(마음은) 잠잘 적에는 백魄이 혼魂과 교접하여 꿈을 꾸고, 깨어나면 육신이 작용하여 만나는 것들과 얽혀 날마다 싸운다. …… 작은 두려움은 벌벌 떨고 큰 두려움은 실의에 빠진다. 표현하길 마치 쇠뇌로 화살을 쏘는 듯하다는 것은 시비是非를 엿보는 것을 일컫는 것이요, 그 머무름이 마치 축원하고 맹세하는 듯하다는 것은 지킴으

로써 이기려는 것을 일컫는다.

其寐也魂交, 其覺也形開, 與接爲搆, 日以心鬪. …… 小恐惴惴, 大恐縵縵. 其發若機栝, 其司是非之謂也. 其留如詛盟, 其守勝之謂也.「제물론」

마음은 늘 분주하고 시끄럽다. 잠잘 때조차 쉬지 않고 꿈을 꾼다. 깨어나 오관이 작동하기 시작하면 마음은 치열한 전장이 된다. 원하는 것을 얻지 못할까 봐 전전긍긍하다가 어느 순간 모든 것을 포기하고 우울에 빠지기도 하고, 쇠뇌를 노려보듯 시시비비를 따지다가 한 편으로 마음이 기울면 마치 신에게 맹세라도 한 듯 강경해지기도 한다. 나이가 들고 경험이 쌓이면 나아질까? 현명한 소수는 그렇겠지만 보통 사람들은 편협한 자기 경험만을 믿고 더 고집스러워진다. 많은 지식을 쌓으면 나아질까? 지혜로운 소수는 그렇겠지만 보통 사람들은 지식을 아전인수로 해석하며 자기 확신의 벙커로 삼는다. 아이가 생기고 부모가 되면 나아질까? 아쉽지만 반드시 지켜내야 할 존재가 생겼다는 사실은 오히려 마음의 여러 증상들을 악화시키기 마련이다.

汁

어린이들의 문제를 연구하고 있던 한 훌륭한 정신분석학자 빌헬름 라이히는 언젠가 질문을 받았다. "어린이들에게 있어서 가장 근본적인 문제는 무엇인가? 당신은 모든 불행과 문제, 비정상의 근원에서 무엇을 발견하는가?" 그는 말했다. "어머니다." 어떤 어머니도 이 말에 동의할 수 없을 것이다. 모든 어머니들은 자신들이 어떤 이기적인 욕심도 없이 자식들을 도와주고 있다고 생각한다. 어머니들은 아이들을 위해 살고 죽는다. 그런데 정신분석가는 어머니가 문제라고 말했다. 의식적으로는 그들을 사랑하고 있다고 믿지만, 무의식적으로는 죽이고 불구로 만들고 있는 것이다. 만일 그대의 내면이 불구라면 그대는 그대의 아이도 불구로 만들 것이다. 그 밖에 아무것도 할 수가 없다. 그것을 피할 방법이 없다. 왜냐하면 그대는 오직 그대의 존재에서 나오는 것만을 줄 수 있기 때문이다. 다른 길이란 존재하지 않는다.

- 오소, 『삶의 길 흰 구름의 길』

"그대의 내면이 불구라면 그대는 그대의 아이도 불구로 만들 것이다. 왜냐하면 그대는 오직 그대의 존재에서 나오는 것만을 줄 수 있기 때문이다." 의도하든 의도하지 않든 부모는 자신이 가진 것을 아이에게 내주기 마련이다. 소리가 구멍을 닮듯 아이는 부모가 주는 것을 오롯이 받아 자신의 마음에 심는다. 부모의 마음으로부터 아이의 마음에 전이되는 정서들, 그 가운데 불안과 두려움이 있다.

불안과 두려움은 상상력의 소산이라고 한다. 의식이 발달하면서 눈에 보이지 않는 것들을 상상하는 능력이 생겼고, 그 능력으로 아직 닥치지 않은 미래의 위험까지 예상하고 대비했던 이들의 생존확률이 높았고, 살아남은 그들의 후손이 바로 현생 인류이니, 불안은 우리 유전자에 각인된 근원적인 정서라고 한다. 생존과 불안의 상관관계에 대한 이 흥미로운 가설이 참이든 거짓이든 소수의 용감한 돌연변이들을 제외하고 불안은 우리 정서에 상수로 설정되어 있는 듯하다. 자신의 생존은 물론 아이의 생존까지 책임져야 하는 부모의 경우 그 불안의 정도가 높아지는 것은, 자연계 거의 모든 어미들에게서 관찰되는 일이다. 진화의 과정에서 소거되지 않았다는 점에서 보면 슬픔, 외로움, 불안, 두려움, 우울감과 같은 부정적인 감정들도 어딘가 분명 쓸모가 있을 것이다. 그러니 어떤 경험으로 마음 깊은 곳에 가라앉아 있던 감정들이 떠오르면 애써 그것을 부정하거나 이겨낼 필요는 없다. 조용히 내 마음의 움직임을 관찰하며 감정이 흘러갈 시간을 주면 된다. 부모가 느끼는 불안과 두려움도 마찬가지다. 그것은 자연스러운 현상이며 아이가 미래의 위험을 피하고 무사히 성장하는 데 도움을 줄 수 있다.

문제는 불안이 지속되는 경우다. 어떤 감정이 지속적으로 판단과 행위를 결정하는 주요 요인이 될 때 그것을 구속적 정서라고 부른다. 구속적 정서의 무서움은 자신이 그렇게 생각하고 행동하는 이유가 무엇인지 의식하지 못한다는 점이다. 예를 들어 어린 시절 완벽주의 성향의 부모로부터 끊임없이 핀잔을 들었던 아이가 성인이 되어 타인의 시선이나 평가 따위 아랑곳하지 않는 유아독존의 성향을 보인다고 하자. 이 사람은 스스로 어린 시절을 완전히 끊어내고 자신만의 새로운 행위 준칙을 세웠다고 생각할 수 있다. 그런데 어쩌면 그는 누구보다 타인의 시선을 의식하고 평가를 두려워하고 있는지 모른다. 그 두려움이 너무 커서 회피하고 있거나 제발 나를 인정해 달라고 소리치고 있는 것인지도.

어린 시절, 부모로부터 받은 마음의 질곡을 벗어나기 위해서는 오랜 시간과 노력이 필요하다. 어느 부분은 영원히 벗어날 수가 없다. 그것이 하나의 고질적인 마음의 습성이 되어버리는 까닭이다. 생각은 반성으로 고칠 수 있지만, 습성은 반성만으로 고쳐지지 않는다. 마음을 구속한 정서는 은밀하고 지속적으로 판단과 행동에 영향을 미치기 마련이다.

부모의 불안과 두려움은 아이의 불행을 상상하는 것에서 시작한다. 교실에서 아이가 따돌림을 당하거나, 시험을 망치거나, 교사에게 야단을 맞았을 때 부모 마음속엔, 이 사건이 내 아이를 바라보는 주변의 시선을 결정할 것이고 그에 따른 각인 효과는 내 아이의 자존감을 낮출 것이고 결국 내 아이는 학교생활에 적응하지 못한 채 불행해질 것이란 막장 시나리오가 펼쳐진다. 때로 불안과 두려움이 통제할 수 없을 정도로 커지면 자기도 모르게 아이 학교의 악성민원인이 되어 있을 수도 있다. 시시비비를 따지는 마음의 습성이 불안과 만나면 더욱 단호해지기 마련이니까.

부모의 막장 시나리오는 현실과는 거리가 멀다. 구체적 삶의 맥락에서 실패는 때로 성공보다 더 나은 결과를 가져오기도 한다. 친구와 주먹다짐을 하거나 선생님께 혼나는 경험은 감기 같은 것일 수 있다. 학교폭력을 당하거나 입시에 실패한 경험은 홍역 같은 것일 수 있다. 아이를 평생 무균실에서 키울 것이 아니라면 아이에겐 면역력이 필요하다. 부모가 정말 두려워해야 하는 것은 실패의 연쇄효과가 아니라 아이가 실패에 머무는 것이다. 스스로 이겨냈을 실패에 부모 스스로 아이를 주저앉히는 것이다. 넘어진 아이에게 필요한 것은 위로와 격려. 함께 분노하거나 슬퍼하는 것도 좋은 위로의 방법이다. 하지만 부모가 통제되지 않은 불안과 분노를 발산하면 아이는 한 번의 실패를 지울 수 없는 심각한 사건으로 오인한다. 부모의 불안은 그렇게 아이에게 전이되는 것이다.

새를 위해 구소九韶의 음악을 연주하고 소, 양, 돼지고기를 대접했으나 새는 이내 눈이 부시고 근심과 슬픔에 싸여 한 점의 고기도 먹지 못하고, 한 잔의 술도 마시지 못한 채 삼일 뒤에 죽었다. 자신을 기르는 방법으로 새를 기르고 새를 기르는 방법으로 새를 기르지 않았기 때문이다.

부모는 미래의 내 아이가 무사히 생존할 뿐 아니라 행복하기를 염원한다. 부모는 아이가 행복하기 위해 필요한 조건들을 준비해야 한다고 생각한다. 그 조건들은 대체로 부모 자신이 누려왔던 것들 또는 누리고 싶었던 것들이다. 건강, 경제적 여유, 사회적 지위, 명예(타인의 인정), 대인관계... 보통의 부모들이 자녀가 성취하기를 바라는 것들은 통계적으로도 행복과 유의미한 상관관계가 있다고 증명되어 왔다.

행복을 위해 외적 조건들이 필요한 이유는 그것이 우리를 '~로부터 자유롭게' 해주기 때문이다. 힘은 우리를 타인의 억압으로부터 자유롭게 해준다. 건강은 신체적 구속으로부터, 돈은 시간과 노동의 구속으로부터 자유롭게 해준다. 행복의 필요충분조건은 외적 조건 자체가 아니라 그것으로 획득할 수 있는 '자유'에 있다.[5]

이야기 속 노나라 제후는 바다새를 사랑했다. 그는 자신이 누려왔던 것들

---

5) 아리스토텔레스는 모든 사물과 동물이 각자 자신의 본질적 기능을 충실히 수행할 때 진정한 의미의 행복을 획득할 수 있으며, 따라서 인간은 인간의 본질적이고 고유한 기능인 이성을 탁월하게 발휘할 때에 비로소 행복할 수 있다고 보았다. 이성의 탁월성은 외부의 억압이나 자기 내부의 감정과 욕망으로부터 얼마나 자유로운가에 달려있다.

을 새도 누리길 바랐다. 바다새를 위해 금으로 만든 새장에 금침을 깔아주고 산해진미를 대접하고 최고의 연주를 들려주었다. 그의 사랑은 그의 마음이 시킨 것이다. 제후의 마음은 자신이 새를 알고 있다는 오만과, 자기 경험에 대한 확신과, 귀한 새를 얻었다는 자부심과, 그 새를 잃을 수도 있다는 불안으로 빈틈없이 채워져 있었다. 그 마음이 시킨 사랑이 바다새를 죽게 했다. 사랑한다면 사랑하지 마라. 바다새는 파도치는 바다 위를 자유롭게 날 때 행복하다.

05

강요된 사회성에 대하여

샘이 말라 물고기들이 함께 뭍에 살게 되었다. 물고기들은 서로 물방울을 토해 적셔주고 서로 침을 뱉어 적셔주었다. (그렇다 한들) 강과 호수에서 서로를 잊는 것만 못하다.

泉涸, 魚相與處於陸, 相呴以濕, 相濡以沫, 不如相忘於江湖.「대종사」

05

강요된 사회성에 대하여
상망 相忘

    인간은 사회적 동물이다. 이 문장은 사회성이 인간의 타고난 본성이라는 의미뿐만 아니라 사회적 관계를 떠나서는 제대로 생존할 수 없다는 경고를 함께 내포하고 있다. 불온한 반골 기질 탓인지 모르지만 나는 자명해 보이는 이 명제를 의심한다. 인간은 정말 사회적 동물일까?

    아파트 넘어 아파트, 양봉장 벌집 같은 아파트들을 보며 '이렇게 많은 사람들이 이렇게 좁은 땅에 모여 켜켜이 집을 짓고 사는구나' 새삼스러울 때가 있다. 우린 언제부터 이렇게 거대한 조직사회를 이루며 살았을까? 부족국가가 등장하기 전까지 인류는 아주 오랫동안 작은 규모의 집단생활을 했을 것이다. 수렵과 채집 활동, 공동분배와 공동육아, 그리고 계속되는 거주지 이동 등, 원시인류의 생활방식엔 소규모 집단이 더 적합했을 것이기 때문이다. 대규모 군집생활, 대규모 조직에 최적화된 진화는 벌이나 개미와 같은 사회성 곤충에게서 볼 수 있다. 리처드 도킨스의 『이기적 유전자』에는 진짜 '사회성'이 무엇인지 보여주는 이들 사회성 곤충의 삶이 있다.

사회성 곤충의 협력 행동 능력과 외관적인 이타주의는 놀랄 만큼 뛰어나다. (일벌이) 적을 찌르는 자살 행위는 그들이 가진 자기 포기의 경이적인 상태를 상징한다. 꿀단지개미 가운데 괴이하게 부풀고 꿀을 잔뜩 넣을 수 있는 배를 가진 일개미가 있다. 그들의 전 생애에 있어 오직 하나뿐인 일은 집 천장에 붙은 전구처럼 축 늘어져 다른 일개미들의 먹이 저장소로 이용되는 것이다.

인간의 감각으로 말하면 그들에게는 개체로서의 생활 같은 것은 전혀 존재하지 않는다. 그들의 개체성은 외관상 사회의 복지성에 종속되어 있는 것처럼 보인다. 개미나 꿀벌이나 흰개미의 사회는 더 높은 수준에서 일종의 개체성을 달성하고 있다. 꿀벌 등은 화학적 신호나 '춤' 등을 통해 매우 효율적으로 정보를 공유하기 때문에 그 사회는 마치 그 자신의 신경계와 감각기관을 가진 단위처럼 행동한다. 외부로부터 침입자는 몸의 면역 반응계가 나타내는 것과 같은 정확도로 식별되고 배제된다. 개개의 꿀벌은 '온혈동물'이 아니지만 꿀벌의 집 내부는 꼭 인간의 체온 조절만큼 정확하게 비교적 높은 온도를 유지하고 있다. 끝으로 가장 중요한 것은 사회성 곤충의 집단 내의 대부분의 개체는 불임의 일벌레라는 사실이다. …… 번식 능력을 가진 소수의 개체는 정소나 난소에 들어 있는 우리의 생식 세포와 유사하다. 불임의 일벌레들은 우리의 간, 근육 그리고 신경 세포에 해당된다.

- 리처드 도킨스, 『이기적 유전자』

집단의 규모가 크면 필연적으로 조직이 만들어진다. 조직이란 구성원들이 일정한 역할을 분담하는 효율적인 시스템을 뜻한다. 불임의 꿀단지개미는 우리가 보기에 어처구니없이 불공평한 역할을 평생 수행하다 죽지만 아무런 불평도, 이의도 제기하지 않는다. 우리 몸의 지방을 저장하는 간세포나 침입한 병원균과 싸우는 백혈구처럼 꿀단지개미와 일벌은 사회의 일부로 태어나 사회의 일부로 죽는다. 하지만 인간은 다르다. 인간은 꿀단지개미나 일벌이 될 수 없다. 인간이 걸어온 진화의 경로가 사회성곤충과 다르기 때문이다. 인간은 다른 동물들과 비교할 수 없을 만큼 강한 자의식을 갖고 있다.

"내가 왜?"

인간의 자의식은 이 질문을 끝없이 던진다. 열심히 농사를 지었는데 모두 세금으로 거둬가 버리고 남은 건 좁쌀 두어 자루뿐인데, 내가 왜? 어머니가 노비라서 나 역시 천대받으며 살아야 한다니, 내가 왜? 타고난 능력과 배경은 내가 선택할 수 있는 것이 아닌데, 내가 왜?

'내가 왜?'라는 질문은 사회의 안정과 질서를 위협하는 혁명의 불씨다. 사회는 이 질문에 대다수가 수긍할 만한 답변을 내놓아야 한다. 사회가 그 구성원들에게 제시한 답변은 어느 시대에는 힘이었고, 어느 시대에는 하늘의 뜻이었고, 어느 시대에는 혈통이었고, 또 어느 시대에는 능력과 노력이었다.

시대에 따라 제시한 답변은 제각각이었지만 사회의 유지와 안정을 위해 자의식 충만한 구성원들이 그 답변을 수용하도록 설득하거나 회유하는 과정은 어느 시대에나 동일하게 존재했다. 그 과정 혹은 체제를 나는 사회적 교육이라 부른다. 사회적 교육은 구성원들에게 계층이동의 기회를 줌으로써 불평등한 기능의 분배를 정당화하고, 개인의 운명이 집단이나 공동체의 운명과 함께한다는 믿음을 심어주었다. 그리고, 사회적 교육이 성공하기 위해

서 인간은 반드시 사회적 동물이어야 했다.[1]

사회나 조직 차원에서 이루어진 교육은 도끼와 창을 겨누고 강제하는 폭력보다 느리지만 훨씬 광범위하게, 훨씬 긴 시간 동안 사람들을 조직사회 안에서 안정적으로 기능하게 했다. 이러한 교육의 은밀하고 위대한 효과는 그것이 인간이 지닌 원초적인 정서에 기대어 작동했기에 가능한 것이었다. 그 정서는 바로 고립에 대한 두려움이다. 무리로부터 소외되었을 때 느끼는 외로움은, 오지 않은 미래에 대한 불안과 마찬가지로 인간이 가지고 태어나는 원초적인 감정으로 생존을 위한 진화의 결과물이다.

2005년 애틀랜타 에머리 대학교의 신경과학자 그레고리 번스와 동료들은 유명한 솔로몬 애쉬의 실험[2]에 MRI 판독을 접목해서 흥미로운 실험결과를 발표했다. 그들은 실험 참가자들에게 겉보기에 다른 입체도형 두 가지를 보여준 다음, 두 도형이 진짜로 다른지, 아니면 같은 도형을 다른 각도에서 본 것인지 맞혀보라고 하였다. 여기에 답하려면 머릿속에서 도형들을 재배열하고 돌려보는 공간지각 작용이 필요하다. 애쉬의 실험과 마찬가지로 번스는

---

1) '인간은 사회적 동물이다'라는 명제는 폴리스의 운명을 자신의 운명과 동일시했던 고대 그리스의 정치철학에서 처음 등장했다. 이는 사회적 교육이 정치적 목적에서 시작되었음을 보여준다.

2) 1956년 발표된 사회 심리학자 솔로몬 애쉬의 실험. 이 실험에서 그는 카드 두 장을 준비했다. 한 카드에는 세로로 선분 하나가, 다른 카드에는 선분 셋이 그려져 있다. 실험 지원자에게 두 카드를 보여준 다음에, 세 선분 중 어떤 선분이 다른 카드에 그려진 한 선분과 길이가 같은지 질문한다. 세 선분이 그려진 카드에서 다른 두 선분은 길이가 크게 달라서 누구나 금방 알아볼 수 있다. 그런데 7-8명의 실험 참가자 가운데 진짜 지원자를 제외한 나머지는 애쉬와 미리 짜고 들어온 가짜 지원자들이다. 그들은 진짜 지원자에 앞서 큰 소리로 똑같이 틀린 답을 말한다. 이러한 상황에서 진짜 지원자는 어떤 대답을 할까? 속임수를 쓰지 않은 대조 실험군에서는 틀린 답을 말한 지원자는 한 사람도 없었다. 그러나 다른 사람들이 모조리 틀린 답을 말하는 것을 들은 다음에는, 지원자들이 다수와 똑같이 틀린 답을 말하는 때가 많았다. 그들은 주저하고, 어색하게 웃으면서, 눈을 비비고 카드를 노려보다가 자기가 알아본 것을 포기하고 다수를 따랐다.   - Solomon Asch, "Studies of independence and conformity: A minority of one against a unanimous majority," *Psychological Monographs* 70 (1956).

참가자들 가운데 배우들을 투입해서 동일한 오답을 말하게 했다. 혼자서 판단할 때 실험 참가자들은 모두 정답을 말했다. 그러나 투입된 배우들이 동일한 오답을 말한 뒤 참가자의 약 40퍼센트는 자기 생각을 포기하고 다수 의견을 따랐다.

흥미로운 것은 실험 중 참가자들의 MRI 뇌영상 판독 결과다. 참가자가 다수를 추종할 때 뇌활동은 주로 공간지각과 관련된 두정엽 중간고랑 intraparietal sulcus에서 이루어졌다. 이는 참가자가 정답을 인지했지만 갈등 끝에 집단의 의견을 추종하기로 선택한 것이 아니라, 지각이나 인지 자체를 다르게 했음을 의미한다. 오히려 지원자들이 집단의 의견을 무시해야 할 때의 MRI 영상에서 지각이나 인지가 아닌 감정과 관련된 영역에서 주로 뇌활동이 관찰되었다. 이는 집단과 다르게 생각하고 행동해야 할 때 감정적 소모나 별도의 에너지가 필요했다는 뜻이다. 이 실험은 집단에의 모방과 추종이 의식적으로, 또는 어떤 의지를 갖고 이루어지는 것이 아니라 원초적으로 또는 자연스럽게 이루어지고 있음을 보여준다.[3]

잘 알려진 매슬로우의 욕구위계이론에서도 '소속에의 욕구'는 생리적 욕구 다음으로 가장 기본적인 욕구로 설명된다. 이론에 따르면 한 무리에 소속되고 구성원으로서 인정받고자 하는 욕구는, 충족되지 못하면 끊임없이 그 욕구에 집착하게 되는 '결핍욕구'이다. 결핍의 상황이 종료되지 않는 이상, 또는 결핍을 결핍으로 인식하는 것을 멈추지 않는 이상 사라지지 않는 욕구

3) G. S. Burns et al., *Biological Psychiatry* 58 (2005): pp. 245-253. 마크 뷰캐넌.『사회적 원자 *Social Atom*』. 사이언스 북스. 127-130쪽 재인용.

라는 뜻이다.

흔히 외동아이가 형제가 있는 아이들에 비해 대인관계능력이 부족하다고 인식된다. 그렇게 인식되는 것은 외동아가 형제아에 비해 또래와의 관계에 더 집착하는 모습을 보이기 때문이다. 외동아는 형제자매 사이에서 충족했을 소속감을 또래 관계를 통해 느끼고 싶어 한다. 관계를 소중하게 생각하는 만큼 아이는 친구들의 표정과 행동을 더 예민하게 의식하고, 자신이 상상한 의미를 부여하며 스스로 상처를 받고, 작은 변화에도 민감하게 반응한다. 한편, 성인이 된 외동들의 대인관계능력이 형제가 있는 성인들과 다르지 않거나 오히려 더 뛰어나다는 연구 결과들도 있다. 아픈 만큼 성숙해진다는 말이 맞는 모양이다. 아니면 그 연구들이 운 좋게도 결핍을 어떤 방식으로든 해소한 외동들을 대상으로 이루어진 것일지도. 끝내 충족되지 못한 소속에의 욕구는 관계 자체를 혐오하게 만들 수도 있다. 관계를 회피하는 운둔형 외톨이들은 외로움을 느끼지 않는 것이 아니라 너무 외로웠던 것일지도 모른다.

ᅥ

뒤르켐을 비롯한 많은 학자들이 교육을 '사회화'라고 정의한다. 인간은 교육을 통해 사회화된다(사회화가 후천적으로 이루어진다는 것은 인간이 태생적으로 사회적 동물이 아니라는 반증이기도 하다). 현대사회에서 차세대의 사회화를 담당하고 있는 대표적인 기관은 학교다. 학교가 만들어지기 이전에도 여러 가지 다른 형태의 사회화의 장이 있었다. 대표적인 예로 성년식을 들 수 있다. 성년식은 한 공동체의 정식 구성원으로 인정받기 위한 통과의례다. 시대와 문화를 불문하고 성년식은 상상을 뛰어넘는 인내를 요구했다. 예를 들어 고대 부족국가 마한의 성년식은 소년들의 등가죽을 뚫고 줄을 매어 한길 남짓의 통나무를 끌어다 스스로 훈련받을 집을 짓게 하는 것이었다. 소년들은 기꺼이 고통을 감내했다. 무엇이 소년들로 하여금 등가죽을 뚫는 고통을 감내하게 했을까? 소년들은 극단의 고통을 인내함으로써 공동체가 요구하는 행동양식을 전적으로 수용할 것임을 맹서한다. 그렇게 무리에 정식으로 소속되었음을 인정받는 것이다. 성년식을 비롯한 거의 모든 사회화 과정은 소외에 대한 두려움 또는 집단에의 모방과 추종 같은 인간의 원초적 정서를 자극하는 방식으로 이루어졌다.

오늘날 학교교육은 현대판 성년식이다. 아이들은 열 평 남짓 공간에서 수십 마리의 호랑이들과 함께 십수 년을 견뎌야 한다. 일 년에 평균 네 번의 테스트를 통과해야 하고, 호랑이들과 경쟁은 하되 싸우지 않아야 한다. 아니, 호랑이들과 조련사에게 사랑과 인정을 받아야 한다(딱 한 번 등가죽에 구멍을 뚫는 게 더 쉬울지도 모르겠다).

다른 호랑이들과 조련사에게 인정을 받지 못하고 따돌림을 당하면 어떡하나... 아이가 학교에 들어가고 부모들이 가장 염려하는 문제 중 하나가 바로 집단따돌림이다. 집단따돌림 현상을 분석한 일부 연구들은, 모든 아이들이 따돌림의 직접적 피해자가 되는 것은 아니라는 점, 대체적으로 한 번 따돌림을 당한 아이가 학년이 바뀌어도 심지어 학교를 바꾸어도 또다시 따돌림의 대상이 된다는 점, 그리고 따돌림의 대상이 된 아이들에게 비슷한 특성이 발견된다는 점을 들어 집단따돌림의 원인이, 적어도 원인의 일부는 피해자 본인에게 있다는 논리를 펼친다. 그리고 피해 학생들의 문제로 사회성 부족을 지적한다.[4] 그러한 논리는 따돌림을 당할만하니 당한다는 사회 일반의 통념을 대신하고 있기도 하다. 이런 까닭에 집단따돌림을 당한 아이들이나 부모들은 피해 사실을 적극적으로 교사나 학교 또는 가해 학생의 부모들에게 알림으로써 문제를 해결하는 일에 주저할 수밖에 없다. 문제를 공론화하는 순간 피해 학생 자신의 사회적 결함과 잘못된 가정교육을 인정하는 셈이 되기 때문이다.[5] 결국 많은 피해학생들의 부모들이 선택하는 문제해결방법은 조용히 자기 자녀의 부족한 사회성을 채우는 것이다. 부모는 아이에게 이기적으로 굴지 말라고, 잘난 척하지 말라고, 상대방의 입장을 먼저 생각하라고 가르친다.

사람은 이기적이다. 사람들은 교육과 경험을 통해 서로의 이해를 절충하는 방법을 터득해 간다. 보다 정확히 말하면 절충을 통해 자신의 손실을 최소화하고 가능한 이익을 확보하는 기술을 익힌다. 즉, 이해를 절충시킬 수 있는 능력은 이기적 특성이 이타적 특성으로 변화했음을 의미하는 것이 아

---

4) 따돌림 가해학생의 경우 따돌린 이유로서 "잘난 척하거나 이기적이었기에 따돌렸다(따돌림 당할 만한 행동을 해서)"는 반응이 76.8%로 가장 높았다. 다음으로는 "친구들이 따돌리니까 나도 덩달아서 따돌리게 됨"에 30.90%, "같이 따돌리지 않으면 내가 따돌림 당할까봐" 15.8%, "다른 일에 화난 것에 대한 분풀이로" 11.6%, "전에 따돌림 당한 것에 대한 복수로" 8.8%, "재미있어서" 6.7%, "상대의 반응에 대한 호기심으로". "따돌리는 행동을 함으로써 자신의 힘이나 집단세력을 과시하기 위해서"...... 그러나 따돌림을 당한 피해학생의 경우 자신이 따돌림을 당한 이유를 모르는 경우가 대부분(70% 이상)이었다. 이 결과들은 대부분의 집단따돌림이 자신의 자유의지나 개인적인 결정에 의해서 발생하는 것이라기보다는, 피해자 자신의 문제와 동료들의 가해행동에 대한 동조차원에서 발생하고 있음을 보여주고 있다. - 한준상(2002). 『집단따돌림과 교육해체』. 집문당. 96쪽.

5) 성숙한 소녀일수록 다른 사람에게 홀로 있는 모습을 보이는 것을 꺼려한다. 그들은 '완벽한 소녀는 완벽한 관계를 나눈다'고 생각한다. 린덴중학교의 3학년생이 이렇게 말했다. "...(혼자 있는 것은) 그에게 뭔가 문제가 있다는 얘기이니까요. 외톨이로 보여진다는 건 정말 두려운 일이죠." - 레이첼 시몬스(2002). 『소녀들의 전쟁』. 홍익출판사. 45쪽.

니라 보다 노련한 이기적 특성을 지니게 되었음을 의미한다.

사람은 자신의 매력을 드러내고 싶어 한다. 심지어 자존감이 낮은 이라 하더라도, 아니 오히려 자존감이 낮은 이들일수록 자신을 포장하여 그럴듯하게 보이려는 욕구를 강하게 느낀다. 이때 중요한 것은 '겸손'이라는 사회적 미덕을 함께 담보해야 한다는 것이다. 그렇지 않으면 궁극적으로 자신을 매력적으로 보이게 하는 일은 실패할 수밖에 없다. 교육과 경험을 통해 사람들은 잘난 척하지 않고 겸손하게 자신을 드러내는 법을 배운다. 우리가 배우는 겸손이란 주변의 공격을 최소화하면서 자기를 드러내기 위한 대화와 행동의 기술이다.

사람은 자기중심적이다. 자기가 보고 듣는 세상이 세상의 전부다. 자기중심성을 탈피하는 것은 자기가 존재하는 시공간을 벗어나는 일만큼 어려운 일이다. 그런데 사람들은 흔히 '상대방의 입장을 고려했다'는 것으로써 자기중심성을 극복했다고 여긴다. '나'는 '그'를 알 수 없다. 정현종의 시처럼 사람들은 섬과 같은 존재다. '그'가 지나온 시간과 공간을 이해하고 그 안에 담긴 경험의 독특성을 인정하지 않는 이상 '나'는 '그'에게 갈 수 없다. 그럼에도 불구하고 단지 지금 '그'의 입장에 대한 '나'의 판단을 재고한 것만으로 자기중심적 사고에서 벗어났다고 생각한다.

부모는 원한다. 아이가 보다 세련된 방법으로 자신의 이익을 확보할 수 있기를, 아이가 겸손함을 잃지 않음으로써 오히려 더욱 잘 드러나 보이기를, 아이가 이해할 수 없는 상대의 입장을 잘 이해하기를 바란다. 그렇게 아이가 보다 사회적인 사람이 되어 공동체의 일원으로 무탈하게 살아가기를 바란다. 실상 대부분의 아이들은 굳이 부모가 가르치지 않더라도 또래들과의 집단생활 경험을 통해 그러한 '사회적 기술들'을 스스로 터득하게 된다.

공동체의 일원으로 성장하기 위해 아이는 여러 개의 페르소나를 지닌 배우가 되어야 한다. 인기 있는 아이가 되기 위해서, 또는 최소한 아이들 무리에 남아 있기 위해서 거짓 커뮤니케이션의 기술을 충분히 구사할 수 있어야 한다. 그렇게 공동체가 요구하는 사회적 기술을 습득하는 과정에서 아이는 최초의 자기분열을 경험한다. 감정이 생각과 분열되고 생각이 행동과 분열되는 과정에서, 때와 장소에 따라 여러 개의 가면을 바꿔 쓸 줄 아는 것이 사회화의 요체임을 깨닫게 된다. 그리고 차츰 분열된 자아를 익숙하게 받아들이게 되는 것이다.

ㅓ

샘이 말라 물고기들이 함께 뭍에 살게 되었다.

진화의 연대기에서 보면 사람들이 거대한 조직사회에 살게 된 것은 물고기들이 뭍에 살게 된 것처럼 갑작스러운 일이다. 우리는 꿀단지개미처럼 조직사회의 한 기능으로 살아갈 준비가 되지 않았다.

물고기들은 서로 물방울을 토해 적셔주고 서로 침을 뱉어 적셔주었다.

우리는 어디서 온 것인지 모를 외로움을 느낀다. 외로움은 우리에게 끊임없이 어딘가에 귀속되기를, 누군가와 관계 맺기를, 그와 공동의 목적을 공유하기를 갈망하게 만든다.

강과 호수에서 서로를 잊는 것만 못하다.

상망相忘, 우리는 원래 강과 호수에서 서로의 존재조차 모르고 살았었다. 너의 날숨에 아가미를 빠져나온 물을 마시면서도 너를 의식하지 않았다. 널 위해 숨을 뱉을 필요도 없었다. 강과 호수의 투명한 물속에서 너와 나는 그냥 그렇게 이어져 있었다. 물이 마르고 뭍에 살게 되니 네가 보인다. 어떻게든 다시 연결되고 싶다. 너에게 기대 나의 존재 의미를 확인받고 싶다. 내 아가미 거품은 널 위한 것이라 소리치고 싶다.[6]

지금은 이십 대가 된 딸아이가 이런 이야기를 했다.

"초등학교 4학년 땐가… 친구 문제로 속상해서 엄마에게 투정을 부렸는데, 그때 엄마가 나한테 했던 말 기억나? 나 그 말에 엄청 충격받았었어."

기억날 리 없다.

"그래? 엄마가 뭐라고 했었는데?"

"엄마가 앞에 있던 식탁의 작은 모자이크 조각을 손끝으로 가리켰어."

그때 우리 집 식탁엔 얇고 작은 대리석 조각들을 빼곡하게 붙여 만든 모자

---

6) 장자는 하늘과 땅, 세상의 모든 것들이 연결되어 있다는 세계관을 가지고 있다. 그는 인간의 의식이 자신을 세계로부터 분리된 존재로 인식하면서(타자를 대상화하면서) 홀로 세상에 던져진 듯한 고독과 불안을 느낀다고 보았다. 그 실존적 고독과 불안은 고통스럽다. 결핍을 채우고 고통을 회피하려면 우리는 다시 타자와 관계를 맺어야 하고 그들 안에 있어야 한다. 그리고 그들 안에 머물기 위해선 이타성과 같은 관계지향적 태도가 요청된다.

이크 문양이 있었다.

"그리곤 무덤덤하게 이렇게 말했어. '이게 너야. 네가 세상의 주인공인 것 같겠지만 넌 이 모자이크 조각처럼 그냥 아주 작은 세상의 일부야.' 나 그때 정말 충격을 받아서 울었잖아."

아이에게 생각 없이 툭 던진 말들이 너무 많았다.

"겨우 초등학교 4학년인 너에게 그런 말을 했다고? 이런... 정말 충격받았겠다."

"친구 문제로 고민할 때 엄마가 나한테 제일 많이 했던 말, 그건 기억하지?"

그건 기억난다. 딸과 난 동시에 말했다.

"사막의 사자처럼!"

여느 엄마처럼 나 역시 아이가 친구 관계로 상처받는 게 두려웠다. 난 아이에게 여러 가지 사회적 기술을 가르치는 대신(그건 아이가 스스로 부딪히며 터득할 테니), 혼자인 걸 두려워하지 않게 해주고 싶었다. 혼자인 것 같지만 세상과 언제나 연결되어 있음을 알려주고 싶었다. 학령기 아이들의 공감 능력은 상대의 약한 고리를 찾는 데도 유용하게 쓰인다. 누구에게 따돌림이 더욱 무서운 무기가 되는지 아이들은 쉽게 간파한다. 그래서 나는 아이가 홀로 헤엄치는 물고기가 되길 바랐다. 무리를 떠나 사막을 탐험하는 사자가 되길 바랐다. 다른 사람들에게 칭찬받는 착한 아이이기보다는 세상과 자신에게 좋은 아이이길 바랐다.

초등학교 4학년 때 자기가 세상의 주인공이 아니라는 것을 알아버린 아이는 참 홀가분하게 세상을 탐색하며 살고 있다. 뜻밖에 이 방자한 아이에겐 친구가 많다. 사막의 차가운 별들 아래 잠들고 뜨거운 바람 속을 걸어온 사자가 무리를 만난 듯 아이는 두려움보단 호기심을 가지고 관계 안으로 성큼 들어선다.

부러진 칼날, 부모도 아프다

"훌륭한 백정은 해마다 칼을 바꾸는데 그것은 살을 가르기 때문입니다. 대다수 백정들은 달마다 칼을 바꾸는데 그것은 뼈를 자르기 때문입니다. 제 칼은 19년 동안 수천 마리 소를 잡았는데 칼날이 숫돌에 방금 간 듯합니다. 소의 골절 사이는 비어 있고 칼날은 두껍지 않으니, 두께 없는 것을 빈틈에 넣으면 넓디넓어 칼날 놀리기에 여유가 있습니다. 그렇다 하더라도 칼날이 근육과 뼈가 모인 곳에 이를 때마다 저는 하기 힘들 것을 알고 두려워하며 경계합니다. 시선을 떼지 않고 동작을 늦추고 칼을 미세하게 움직입니다."

"良庖歲更刀, 割也. 族庖月更刀, 折也. 今臣之刀十九年矣, 所解數千牛矣, 而刀刃若新發於硎. 彼節者有間, 而刀刃者無厚, 以無厚入有間, 恢恢乎其於遊刃必有餘地矣, 是以十九年而刀刃若新發於硎. 雖然, 每至於族, 吾見其難爲, 怵然爲戒, 視爲止, 行爲遲. 動刀甚微."「양생주」

06

부러진 칼날, 부모도 아프다
무후입유간 無厚入有閒

고등학교 때 뒤늦은 사춘기가 왔다. 내 질풍노도는 아버지를 향했다. 자그마치 일 년 동안 난 아버지와 대화를 피했다. 일찍 잠자리에 드시는 아버지와 얼굴을 마주할 일은 별로 없었다. 아침이면 도리 없이 아버지와 한 상에서 식사를 해야 했지만 날이 갈수록 나의 밥 먹는 속도는 빨라졌고 그 사이 누구와 대화를 나눈다는 것은 불가능한 일이 되었다.

그날은 오늘보다 가을이 깊었다. 여느 때처럼 밤늦도록 독서실에서 시간을 보내다 집에 돌아왔다. 현관문을 열었을 때 텔레비전 소리가 들렸다. 늘 일찍 주무시던 아버지가 깨어 계셨다.

"다녀왔습니다."

던지듯 인사를 하고 등을 돌렸다. 그때였다.

"성미야, 이리 와 앉아봐라."

아버지는 아무렇지도 않게, 마치 날마다 그래왔던 것처럼 소파 옆자리를 토닥이며 말을 건네셨다. 난 마지못해 아버지 옆에 앉았다. TV에선 아버지가 무척 좋아하셨던 가수 김수희가 노래를 부르고 있었다. 노래 한 곡이 끝나가도록 아버지는 아무 말씀도 없으셨다. 가슴이 답답해왔다. 일어서 방으로 들어가고 싶었지만 적당한 핑계가 떠오르지 않았다. 김수희의 두 번째 곡이 시작됐다. 아직도 그 곡을 기억한다. '멍에'라는 노래였다. 갑자기 손등에 따뜻한 온기가 느껴졌다. 얼굴은 TV를 향한 체 아버지는 내 손을 꼭 쥐셨다. 비록 많이 마르셨지만 따스함은 옛날 그대로였다. 아버지는 여전히 아무 말씀도 없으셨다.

다음날은 자율학습이 없는 토요일이었다. 집에 돌아오는 발걸음이 가벼웠다. 아침에 아버지는 체기가 있어 회사를 하루 쉬신다고 하셨다. 현관문을 열었다. 적막했다. 안방에 이부자리만 펼쳐져 있을 뿐 아버지는 계시지 않았다. 이부자리를 정리하고 커튼을 열었다. 가을 햇살에 따뜻하게 익은 창틀을 짚고 몸을 기울였다. 눈이 부시게 푸르른 날...이었을까? 그 이후는 기억나지 않는다. 황급히 울리던 전화벨, 전화 속의 목소리가 누구였는지, 뭐라 이야기했는지 아무것도 생각나지 않는다. 난 그냥 전화를 내려놓고 달려나가 택시를 탔다.

중환자실의 아버지는 다음날 저녁때가 되어서야 잠시 정신이 드셨다. 곁을 지키고 있던 어머니에게 집에 가서 애들 밥 먹여 학교 보내라고 말씀하시곤 나를 향해 힘겹게 집에 가라는 손짓을 해보이셨다. 나는 눈물을 삼키고 괜찮다고 겨우 한 마디 대답했다. 그러자 이번에는 가까이 오라는 손짓을 보내셨다. 링거액 때문에 차갑게 언 손으로 내 손을 잡으셨다.

장지로 향하는 들녘은 햇살이 따가웠다. 청명한 하늘엔 뭉게구름이 피어 있고, 구름 사이로 솔개 한 마리가 높이 날아오르더니 이내 시야에서 사라졌다. 아버지의 무대는 갑작스럽게 막을 내렸다. 그의 무대를 가장 가까이에서 지켜본 사람들 가운데 하나로 가장 신랄하고 무책임한 평가를 내렸던 관객은 바로 나였다.

어른이 되고 부모가 되어서야 알게 되었다. 여전히 나약하고 불완전한 채로 부모가 된다는 것을. 아이가 상처받는 것만큼 부모도 상처받는다는 것을.

ㅓ

공자는 효에 대해 묻는 제자에게 '부모의 뜻을 거스르지 않는 것'[1]이라 했다. 부모의 뜻을 도저히 따르기 힘들 때에는 '조심스럽게 간언하라'고 했다. 그래도 부모가 뜻을 굽히지 않는다면 '시간을 두고 낯빛을 살펴 두 손을 모두고 간곡히 말씀을 드리라'[2] 했다. 넘어선 안 되는 선이 있던 권위주의 시대 부모 노릇은 지금보다는 한결 쉬웠다. 부모-자녀 사이 수평적이고 민주적인 관계를 지향하는 현대 사회에서 자녀의 반항을 어떻게 대처해야 할지 여린 부모들의 고민은 깊어간다.

아이들이 부모나 교사에게 거칠게 반항하거나 관심을 거부하는 이유는 무엇일까? 백 명의 반항아가 있다면 백 가지 사연이 있을 것이니 반항의 이유를 뭉뚱그려 일반화시키기는 어렵다. 여기에서는 나의 우물 안 경험에 국

---

1) 孟懿子問孝, 子曰無違.『논어』「위정」.
2) 子曰, 事父母幾諫, 見志不從, 又敬不違, 勞而不怨.『논어』「이인」.

한해 그 이유를 이야기해보려 한다. 나는 반항적인 자녀였고 준비되지 않은 부모였다.

> 존재의 권위being-authority는, 어떤 사회적 기능을 수행하는 개인의 능력에 뿐만
> 아니라 고도의 성장과 자기완성을 성취한 인격의 본질 그 자체에 바탕을 두고 있다.
> 그런 사람들은 권위를 방사放射하므로, 명령을 내리거나 협박하거나 매수하거나 할
> 필요가 없다.
>
> - 에리히 프롬, 『소유냐 존재냐』

어린아이에게 부모는 우상이다. 그의 눈에 부모는 강하고 아름답고 정의롭다. 어린 눈에서 자신을 향한 경외를 확인한 부모는 아이를 실망시키고 싶지 않다. 더욱이 아이를 기르고 가르쳐야 하는 입장에서 자신의 부족함을 아이가 눈치채서 좋을 건 없다. 적어도 내 아이에겐 강하고 아름답고 정의로운 사람이고 싶다. 이런 바람이 실천으로 이어지는 경우, 부모는 아이와 함께 성장한다. 그렇게 '존재의 권위'를 갖추게 된 부모는 아이에게 명령을 내리거나 협박을 하거나 조건을 내걸 필요가 없다. 아이는 부모의 울타리 안에 자연스럽게 머물며 자유롭게 세상을 탐험하고 성장한다. 문제는 부모의 바람이 그저 바람에 그치는 경우다. 인격 자체에서 나오는 존재의 권위-존재가 발산하는 아우라나 카리스마-가 없는 보통의 부모는 아이에게 명령하고 협박하고 때로 애걸하게 된다. 그리고 권위가 없는 부모일수록 아이의 순종을 요구하는 권위적인 태도를 보인다.

기질이 강하여 자신의 뜻을 쉽게 굽히지 않는 아이들이 있다. 부모는 이런

도전적인 태도를 자신의 권위에 대한 공격으로 받아들이기 쉽다. 불쾌해진 부모는 아이를 힐난하거나 -더 나쁜 경우 빈정거리거나- 아이에게 화를 냄으로써 아이의 공격을 응징하려 한다. 동시에, 자신의 응징이 단지 불쾌함에서 비롯된 것이 아니라는 것을 증명하기 위해 규율과 윤리를 앞세운다.[3] 내내 아무 말 없이 어질러진 아이 방을 치워주던 부모가 아이에게 소리친다, '네 방은 네가 치우라고 했지!' 많은 부모들이 규율과 윤리로 위장한 응징적 행위와 정당한 가르침을 혼동하고 있다. 정작 아이들은 그 어설픈 위장에 속지 않는데도 말이다.[4]

기질이 유약하고 자신을 잘 표현하지 못하는 아이들도 있다. 유약한 아이는 부모의 권위에 주눅 들고, 부모의 가르침을 무비판적으로 수용하여 자기 생각과 부모의 생각을 구분하지 못하는 지경에 이르기 쉽다. 부모에게 '아니, 싫어요'라고 말해 본 적 없는 착한 아이는 자신이 진짜 원하는 것이 무엇인지 알지 못한다. 원하는 것이 무엇인지 알더라도 부모의 거부를 미리 짐작하고 표현하지 않는다. 부모에게 착한 아이는 친구에게, 배우자에게, 직장동료에게도 착한 사람으로 자랄 것이다, 자신의 욕구를 스스로 부정하고 회피하면서. 어쩌면 부모의 권위적인 태도는, 자신의 욕구를 파악하고 그것을 관

---

3) "어린이의 미숙한 행위들에 대해 '나쁘다' 혹은 '악하다'고 하면서 윤리적 가치를 부여하는 것은 어린이를 때리는 것과 똑같은 효과를 낸다. …… 그러한 윤리화는 어린이의 감정 체계에 자신을 몹시 비하하는 왜곡을 가져온다. …… 응징적 행위를 윤리화하는 과정에서도, 부모는 자녀에게 자신의 적개심을 드러내고 자신의 죄책감을 떠넘긴다." - W. 미실다인 (1991).『몸에 밴 어린 시절』. 가톨릭출판사. 300쪽.

4) 기질이 본래 거칠고 강한 아이는 부모의 비난이나 분노, 그리고 그것을 감춘 위선 앞에서 더욱 격렬하게 저항한다. 그 저항이 위선적인 부모의 응징에 의해 꺾이면, 분출되지 못한 에너지를 자신의 삶을 파괴하는 방향으로 작동시키게 된다. 프롬에 의하면, 삶은 그 자신의 내적인 동력을 가지고 있어서 성장하고 표현하며 생존코자 하며, 만일 이와 같은 삶의 방향이 방해받을 경우, 삶을 향한 에너지가 분해의 과정을 밟아 파괴를 향하는 에너지로 바뀐다고 한다. 곧 삶을 위한 충동과 파괴를 위한 충동은 서로 독립적인 요인이 아니라 역관계로 서로 의존하고 있다. - E. 프롬(1985).『자기를 찾는 인간』. 종로서적. 227-228쪽 참조.

철시키기 위해 부모와 전쟁을 마다하지 않는 아이보다 유약한 아이에게 더 위험할지도 모른다.

ㅓ

엄마가 화를 내면, 사랑을 거두어버릴까 두려워 눈물을 떨구고 잘못을 빌며 작은 손으로 엄마를 끌어안았던 아이가 자란다. 머리가 굵어진 아이는 엄마가 제풀에 지쳐 화를 거둘 때를 기다린다. 때로 눈물을 훔치며 억울함을 항변하거나, 입을 닫고 엄마의 관심을 거부한다. 아이의 변화에 엄마는 당황스럽기만 하다.

누군가에게 화를 내는 것은 '내가 많이 아프다'는 비명이자 '내가 아픈 만큼 너도 아프게 하겠다'는 응징이다. 상처 입었을 때 화를 내는 것은, 누가 꼬집었을 때 악 소리가 나는 것처럼, 평범한 사람들의 평범한 반응이고 그 행위를 비난할 이유는 없다. 부모가 자녀에게 화를 내는 것도 마찬가지다.

쇼(Shaw)는 말하였다. "우리가 어떤 사람을 위해서 희생해야 할 때 우리는 그 사람을 미워하지 않을 수 없다." 그것은 사실이다. 또 그 역도 사실이다. 우리가 어떤 사람을 위해서 희생할 때 그 사람으로부터 미움을 받지 않을 수 없는 것이다.

- A. S. 니일, 『문제의 가정』

누군가를 위한 희생이 미움을 축적하는 행위라는 쇼의 말에 동의하는가?

아마 젊은 부모들은 상당수 공감할 것이다. 왜냐하면 가능한 인생의 선택지가 하나씩 소거되는 과정을 바로 지금 겪고 있기 때문이다. 어린아이를 키우는 동안 부모는 참 많은 것을 포기해야 한다. 부모의 희생은 그 어떤 대가도 기대하지 않는, 완전한 자기 포기의 경지에서 이루어지는 것이 아니다. 부모 되기를 선택했고 결코 그 선택을 후회하지 않는다 하더라도 출산과 육아로 포기한 기회와 시간을 누군가는 알아주고 위로해주기를 바랄 수 있다. 적어도 자신을 희생하면서 키운 아이가 자기를 좋아하는 것 정도는 기대하지 않을까? 종이 카네이션 한 송이에도 울컥 하는 것은 무의식중에라도 그런 기대가 있었다는 반증일 것이다.

아이가 성장하는 동안 부모의 희생은 자연이 명령한 부득이한 일이다. 자녀가 나의 희생을 알아주고 응답해주길 기대하는 마음은 인지상정이다. 옆구리를 찔러야 겨우 들을 수 있는 응답은 당신을 서글프게 한다. 부득이한 희생과 부질없는 기대와 서글픈 응답은 부모가 견뎌야 할 몫이다. 자기 삶의 목적과 의미를 오로지 자식에게 두거나, 온 생을 쏟아 부운 희생에 견주어 아이의 사랑을 저울질하는 것은 자기연민의 구덩이에 스스로를 던져 넣는 일이다.

누군가 나를 위해 자신의 모든 것을 희생해왔다는 사실은 너무도 감사한 일이지만 동시에 참 미안한 일이기도 하다. 우리는 미안한 감정을 느끼는 상대를 온전히 사랑하기 어렵다. 부모가 진정 바라는 것이 나의 희생에 합당한 보은의 행위가 아니라 아이가 내 곁에서 편안함을 느끼고 나와 대화하는 것을 즐거워하고 나를 떠나 당당하게 자신의 삶을 살아가는 것이라면, 부모는 아이에게 자신의 삶을 통째로 걸어선 안 된다.

"훌륭한 백정은 해마다 칼을 바꾸는데 그것은 살을 가르기 때문입니다. 대다수 백정들은 달마다 칼을 바꾸는데 그것은 뼈를 자르기 때문입니다. 제 칼은 19년 동안 수천 마리 소를 잡았는데 칼날이 숫돌에 방금 간 듯합니다. 소의 골절 사이는 비어 있고 칼날은 두껍지 않으니, 두께 없는 것을 빈틈에 넣으면 넓디넓어 칼날 놀리기에 여유가 있습니다."

이 이야기 속 화자는 포정이란 이름의 백정이다. 포정의 소 해체 기술은 예술적 경지에 이르렀다. 문혜군이 감탄하며 그 방법을 묻자 포정은 이렇게 대답한다. "두께가 없는 것을 넓은 틈에 넣었을 따름입니다以無厚入有閒." 그리고 살과 뼈 사이 빈틈에 두께가 느껴지지 않을 정도로 얇은 칼날을 넣으면 수천 마리 소를 해체해도 칼날이 상하지 않는다고 덧붙인다. 두꺼운 칼날은 힘이 있어 보이지만 힘줄과 뼈 사이를 파고들 수 없다. 힘은 힘대로 들고, 소는 제대로 해체되지 않으며, 칼날은 상하기 쉽다.

포정을 부모, 소를 부모-자녀 사이의 문제라고 하면 소를 해체하는 칼은 부모가 자녀와의 문제를 해결하기 위해 쓰는 수단이라고 할 수 있다. 부모가 흔히 쓰는 수단은 부모로서의 권위, 규율과 규칙, 희생과 모범, 인생선배로서의 조언과 같은 것들이다. 칼날이 두꺼우면 빈틈에 들어갈 수 없다. 강압적인 권위, 변덕스러운 규율과 규칙, 자기연민과 위선, 오만한 충고는 아이의 마음에 닿을 수 없다. 포정의 칼은 '무후無厚', 두께가 없었다. 칼에 두께가 없다는 것은 무슨 뜻일까?

포정이 칼을 놓고 대답하여 말했다. "제가 좋아하는 것은 도인데 기술의 경지를 넘어선 것입니다. 처음 제가 소를 해체할 때 보이는 것은 온통 소였습니다. 삼 년 뒤 더 이상 소가 보이지 않게 되었습니다. 이제는 정신으로 만나되 눈으로 보지 않습니다. 감관과 지각 작용을 멈추고 정신이 움직이게 합니다."

庖丁釋刀對曰, 臣之所好者道也, 進乎技矣. 始臣之解牛之時, 所見無非全牛者. 三年之後, 未嘗見全牛也. 方今之時, 臣以神遇而不以目視, 官知止而神欲行.「양생주」

장자는 "사람들이 잊어버리는 것을 잊지 않고, 잊지 못하는 것을 잊어야 한다"[5]고 했다. 우린 주로 보이고 들리는 것을 마음에 담는다. 나의 딸아이는 눈물이 많았다. 난 아이 눈에 눈물이 차오르면, '또, 또 울려고, 뚝!' 엄포를 놓았다. 물론 엄포가 통할 리 없다. 아이는 더 크고 서럽게 울었다. 눈물에 빼앗긴 나의 감관은 아이의 두려움을 놓쳤다. 아이가 거칠게 반항할 때 부모는 아이가 던진 말 한 마디에 꽂힌다. '뭐라고 했어, 다시 말해 봐. 방금 한 말 다시 해 보라고!' 보이고 들리는 것에 마음을 뺏기면 상처입고 절망한 아이를 놓친다.

새내기 백정의 눈엔 해체해야 할 소의 몸통全牛만 보였다. 그의 생각도 온통 눈에 보이는 소가 차지했을 것이다. 이제 예술의 경지에 오른 포정은 눈앞의 소를 보지 않는다. 엑스레이를 찍듯 보이는 것들을 투과해 소의 내부를 그린다. 포정이 말한 두께가 없는 칼은, 보이고 들리는 것에 매몰되지 않는 정신을 의미한다. 그는 자신의 감관과 지각이 놓치고 회피하는 것에 문제의 본질이 있음을 알았다.

---

5) 人不忘其所忘而忘其所不忘, 此謂誠忘.「덕충부」.

"그렇다 하더라도 칼날이 근육과 뼈가 모인 곳에 이를 때마다 저는 하기 힘들 것을 알고 두려워하며 경계합니다. 시선을 떼지 않고 동작을 늦추고 칼을 미세하게 움직입니다."

경지에 오른 포정이지만 근육과 뼈가 복잡하게 얽힌 부분에 이르면 자만하지 않고 매우 조심스럽게 칼을 놀린다. 힘을 써 자르고 끊어내지 않았다. 그는 자신의 감관은 물론 자신의 경험도 의심하고 두려워했다. 그의 칼은 겸허했다. 포정 이야기를 통해 장자는 사람들이 문제를 인식하고 해결하기 위해 사용하는 자기중심적인 감각, 생각, 경험, 의지의 불완전성을 논하고 있다. 에고로 가득 찬 우리가 포정처럼 두께가 없는 칼을 쓸 수 있을까? 장자는 가능하다고 말한다, '나'를 버리면.

> 배로 강을 건널 때 빈 배가 다가와 부딪치면 비록 거친 성정의 사람일지라도 화를 내지 않는다. 그러나 그 배에 사람이 타고 있으면 비키라 소리친다.
>
> 方舟而濟於河 有虛船 來觸舟 雖有偏心之人不怒 有一人在其上 則呼張歙之. 「산목」

빈 배는 상대를 화나게 할 수 없다. 자녀와의 갈등은 밑바닥에 감춰둔 초라한 '나'로부터 시작된다. 부모가 자녀에게 화가 날 때 먼저 돌아보아야 할 것은 자기 마음이다. 무엇이 나를 화나게 했는지 한 발 떨어져 곰곰이 생각해보아야 한다. 그러면 마음 밑바닥에서 화를 일으키고 있는 것들의 실체가 보일 것이다. 그것은 '내 말을 거부했다'는 권위의식일 수도, '내 희생을 당연하게 여긴다'는 서글픔일 수도 있다. 거의 모든 분노는 상대에게 '나'가 수용되지 않았다는 인식에서 시작한다. 장자는 몸을 재계하듯 마음에서 '나'를 씻어낼 수 있다고 했다心齋. 쉬운 일이 아니다. '나'는 축출할 수 없는 마음의 군주다. 성인군자가 아닌 이상 우리는 그에게 복종할 수밖에 없다. 하지만 평범한 우리도 할 수 있는 일이 있다. 그것은 의심하고 두려워하는 것이다. 내가 보고 듣는 것, 내가 느끼는 것, 내가 알고 있는 것, 내가 욕망하는 것들이 불완전함을 인정하는 것이다.

부모될 준비를 완벽하게 끝내고 부모가 되는 사람이 있을까? 누구나 그렇듯 부모도 불완전한 사람이다. 아이에게 완벽한 모범이 될 수 없고 그럴 필요도 없다. 자신의 불완전함을 들킬까 노심초사할 필요는 더더욱 없다. 왜냐하면 자녀에겐 부모의 삶 전체를 평가하거나 비난할 자격이 처음부터 주어져 있지 않기 때문이다. 자녀가 평가할 수 있는 부분은 부모로서의 역할에 국한된다. 그러니 이젠 불완전한 인간성을 가르침으로 포장하고, 상처받은 마음을 화로 표현하지 않아도 된다. 사실 아이들은 부모의 불선不善보다 위선僞善에 더 실망하고 분노한다.[6] 아이들이 부모의 가르침에 저항하는 것은, 입은 '네가 걱정돼서, 너를 위해'라고 말하지만 눈은 '너로 인해 내가 상처받았다'고 노려보고 있어서다. 차라리 '나도 상처받는다'고 말하고 슬픔을 내보였다면, 머리가 굵어진 내 아이는 예전처럼 나를 안아줄지도 모른다.

칼이 여전히 두껍다면 거기에서 칼놀림을 멈추는 것이 낫다.

---

6) "분노가 생기는 데 다른 이유가 있는 것이 아니다. 교묘하게 꾸며대는 말과 치우친 말로 분노가 일어난다."
故忿設無由, 巧言偏辭. 「인간세」.

07

말없는 가르침

"서서 가르치치 않고, 앉아서 토론하지 않아도 (그 선생을 찾은 사람들이) 비운 채 갔다가 가득 채워 돌아온다고 합니다. 진실로 '말없는 가르침'이라는 것이 있어 보이지 않게 감화된 것입니까? 그는 어떤 사람입니까?"

"立不敎, 座不議, 虛而往, 實而歸. 固有不言之敎, 無形而心成者邪. 是何人也."「덕충부」

07

말없는 가르침
불언지교 不言之教

불언지교不言之教, 말없는 가르침. 장자가 생각했던 이상적인 교육을 대표하는 표현이다. 언뜻 들으면 말이 아닌 행동으로 보여주는 가르침이나, 모범을 통한 가르침을 의미하는 것 같아 보인다. 그러나 장자가 말하는 '불언不言'은 단순하게 말을 않거나, 말보다 행동이 앞선다는 의미가 아니다. 불언지교의 의미를 이해하기 위해서는 먼저 장자의 언어관에 대해 논의할 필요가 있다.

ㅓ

정교한 언어의 발명은 인류가 거대 조직 사회를 만들고 문명을 창조하는 초석이 되었다. 언어가 없었다면 넓은 지역에 흩어져 살던 이들이 하나의 이념과 체제를 공유하는 거대한 조직 사회를 만들지 못했을 것이고, 새로운 발견들과 해법들을 전수함으로써 시대를 넘어 문명을 창조하지 못했을 것이다. 다른 동물들의 의사소통은 대체로 기쁨, 분노, 두려움과 같은 감정 분출에서 촉발되지만, 인류의 언어는 감정뿐만 아니라 상황에 대해 훨씬 구체적인 정보를 담을 수 있었고, 보거나 만질 수 없는 머릿속의 관념들ideas을 표현하고 전달할 수 있었다.

이름이라는 것은 실질의 손님이다.

名者, 實之賓也.「소요유」

무릇 도는 경계가 있은 적이 없고, 말은 일정하게 정해지지 않았다.

夫道未始有封, 言未始有常.「제물론」

언어는 실재의 그림자고 손님이다. 처음 소박한 언어는 실재의 충실한 그림자 역할을 했다. 완전하진 않지만 실재의 실루엣을 있는 그대로 담으려 했다는 것이다. 노자는 초기의 소박한 언어의 예로 아주 먼 옛날 사람들이 사용했던 '결승結繩 문자'를 얘기했다. 지푸라기나 끈의 매듭으로 의사를 전달했다는 결승 문자는 최소한의 구체적 정보와 감정만 전달할 수 있었을 것이다.

언어는 실재를 단순화한 상징이다. 실재는 언어처럼 단순하지 않다. 도道, 시간, 사랑, 행복... 복잡하고 혼용한 사태와 사물들의 실루엣을 붙들어 사람들은 그림자 같은 이름을 붙였다. 같은 이름을 가진 여러 사물들이 있었고, 하나의 사물이 때에 따라 여러 이름으로 불리기도 했다. 그리고 그 이름을 군이 정의하려 들지 않았다. 하지만 이름이 정의되기 시작하면서, 다시 말해 '개념화'되면서 손님이고 그림자였던 이름은 의식의 주인이 되었다.

> 의식은 충족되지 않을 구별의 욕망에 시달린 끝에 실재를 상징으로 대체하거나 또는 상징을 통해서만 실재를 보게 된다.
>
> - 앙리 베르그송, 『창조적 진화』

베르그송은 인간의 의식에 끝없는 구별의 욕망이 있다고 했다. 이 열매를 먹어도 되는지 아닌지, 다가오는 저놈이 적인지 친구인지 빠르게 구별하고 판단했던 이들의 생존확률이 높았을 테니 의식의 진화 과정에서 구별의 욕망이 자연선택된 것은 당연한 결과라 볼 수 있겠다. 진화한 의식은 사물과 사태를 분류하고 이름 붙이고 정의했다. 그렇게 '슬픔'은 가슴이 아프고 눈물이 나는 상태이고, '빛'은 전자로 이루어진 물질이고, '죽음'은 삶이 종료된 상태가 되었다. 그런데 실제 세상엔 어느 시인이 표현한 것처럼 '찬란한 슬픔'도 있고, '물질이며 파동인 빛', '죽거나 죽지 않은 슈뢰딩거의 고양이'도 있다. 정의된 이름들은 인간의 구별짓기 욕망을 극대화시켰다. 요컨대 인간 의식의 진화는 언어를 창조했고 언어는 다시 의식의 진화를 가속시켰다. 이제 인간의 사고 대부분은 훈련된 언어를 통해 이루어지고, 그 언어의 지배를 받게 되었다. 장자가 주목했던 것은 언어의 지배를 받는 인간의 사고였다.

이 때문에 (땅을 나누는) 두렁길이 있게 되었다. 그 두렁길에 대해 말해 보려한다. (경계가 생기면서) 왼쪽과 오른쪽 있게 되며, 이치와 마땅함이 있게 되며 구분과 분별이 있게 되며 겨룸과 쟁론이 있게 된다.

爲是而有畛也, 請言其畛. 有左, 有右, 有倫, 有義, 有分, 有辯, 有競, 有爭.「제물론」

장자는, 있는 그대로의 혼융한 세계가 이름으로 포착되지 않는다고 보았다. 이름을 붙인다는 것은 경계를 짓는다는 것이다. 경계가 없는 세상을 경계짓는 것이 이름(개념)이다. 이름의 필터를 통과한 사유로 바라본 세계는 모순과 역설로 가득 차 있다. 우리의 사유는 모순과 역설을 견디지 못한다. 왼쪽이 아니면 오른쪽이어야 하고, 이것이 마땅한 것이면 저것은 그른 것이어야 하고, 산 것이 아니라면 죽은 것이어야 한다. 그렇게 모든 것을 명백하게 구별하고 드러내려 하면 할수록 우리가 듣지 못하고 보지 못하는 부분들은 늘어간다.

환공桓公이 마루에서 책을 읽고 있었다. 마루 아래에서 수레바퀴를 깎던 편扁이라는 장인匠人이 쇠망치와 끌을 놓고 올라와 환공에게 물었다.

"감히 묻습니다. 공公이 읽고 계신 것은 어떤 말입니까?"

"성인의 말씀이니라."

"그 성인이 살아있습니까?"

"이미 돌아가셨다."

"그렇다면 군주君主께서 읽고 있는 것은 옛사람의 술지게미군요!"

"과인이 책을 읽는 것에 대해 수레바퀴 깎는 너 따위가 이러쿵저러쿵 논하다니! 제대로 설명하지 못하면 목숨을 내놓아야 할 것이다!"

"저는 다만 제가 하는 일로부터 유추해 말씀드린 것입니다. 수레바퀴를 깎을 때, 바

퀴의 장부가 헐거우면 장붓구멍에 단단하게 끼워지지 않고, 틈 없이 꽉 끼우려 의도
하면 장부가 장붓구멍에 들어가지 않습니다. 헐겁지도 빽빽하지도 않게 장부를 깎
는 것은 익숙해진 손이 마음을 따라 움직인 것입니다. 입으로 말할 수 있는 것이 아
니고, 헐거움과 빽빽함 그 중간 어디쯤에 수數가 있는 것입니다. 저는 그것을 아들
에게 알려줄 수가 없어서 저의 아들은 아직 제 일을 전수받지 못하고 있습니다. 이
때문에 나이 일흔이 되어 늙은 몸으로 수레바퀴를 깎고 있습니다. 옛사람은 그가 전
수傳授할 수 없는 것과 함께 죽었을 것입니다. 그러니 군주께서 읽고 계신 것은 옛
사람의 술지게미일 뿐입니다."

桓公讀書於堂上, 輪扁斲輪於堂下, 釋椎鑿而上, 問桓公曰, 敢問, 公之所讀者, 何言邪. 公曰 聖人之
言也. 曰, 聖人在乎. 又問 聖人已見在不乎. 公曰, 已死矣. 曰, 然則君之所讀者, 古人之糟魄已夫. 桓公
曰, 寡人讀書, 輪人安得議乎. 有說則可, 無說則死. 輪扁曰, 臣也以臣之事觀之, 斲輪, 徐則甘而不固,
疾則苦而不入. 不徐不疾, 得之於手而應於心, 口不能言, 有數存焉於其間. 臣不能以喩臣之子, 臣之
子亦不能受之於臣, 是以行年七十而老斲輪. 古之人與其不可傳也死矣, 然則君之所讀者, 古人之糟
魄已夫. 「천도」

이야기 속 늙은 목수 편은 바퀴 깎는 기술자다. 편에게는 아들이 있다. 아
들이 있으니 그에게 기술을 전수하고 그만 쉴 법도 하다. 하지만 그는 쉴 수
가 없다. 왜냐하면 아들에게 그가 가진 기술을 가르칠 수 없기 때문이다. 편
이 아들을 가르칠 수 없는 이유는, 수레바퀴의 장부가 헐겁지도, 꽉 끼지도
않게 장붓구멍에 들어가도록 맞추는 방법이 '말言'로 설명할 수 없는 것이기
때문이다. 같은 이치로 옛 성현이 남긴 말속에서 그들의 지혜를 찾을 수 없
을 것이라고 편은 말한다. 그가 보기에 성현의 말속에는 그들이 찾은 지혜의
정수는 사라지고 없다. 편은 말한다. "… 옛사람들은 그들이 전할 수 없는 것
과 함께 이미 죽었습니다."

남해의 제를 숙儵, 북해의 제를 홀忽, 중앙의 제를 혼돈渾沌이라 한다. 숙과 홀은 때로 혼돈의 땅에서 놀았는데 혼돈의 대접이 참으로 좋았다. 숙과 홀은 혼돈의 덕에 보답할 방법을 도모한 끝에 말했다.

"사람들은 모두 일곱 구멍이 있어 보고 듣고 맛보고 냄새 맡는데, 혼돈 홀로 그렇지 못하니 우리가 뚫어주세."

혼돈에게 하루에 구멍 하나씩을 뚫어주었는데 칠일이 지나 혼돈이 죽었다.

南海之帝爲儵, 北海之帝爲忽, 中央之帝爲渾沌. 儵與忽時相與遇於渾沌之地, 渾沌待之甚善. 儵與忽謀報渾沌之德, 曰, 人皆有七竅以視聽食息, 此獨無有, 嘗試鑿之. 日鑿一竅, 七日而渾沌死. 「응제왕」

남해의 숙과 북해의 홀이 중앙의 혼돈을 위해 일곱 개의 구멍을 만들어 주었다. 그러나 정작 이 일곱 구멍으로 인해 중앙의 혼돈은 죽었다. 이 이야기에서 남해와 북해의 제(군주)는 양극단을, 중앙의 혼돈은 구분되지 않은 전체성을 상징한다. 사람들은 혼돈을 꺼려한다. 혼돈을 제거하고 빨리(홀忽) 그리고 명징하게(숙儵) 사태를 드러내 해결하고자 한다. 눈, 귀, 코, 입의 일곱 구멍은 감관과 의식을 통해 구별하고 판단하는 작용을 상징한다. 그런데 정작 감관과 의식의 작용을 통해 얻는 것은 처음 있는 그대로의 소박함, 전체성의 죽음이었다.

H

우리의 삶은 매 순간 어떤 결단을 요구한다. 우산을 가지고 나갈지 말지 같은 아주 사소한 결단부터, 어떤 대학 어떤 학과를 지원할지, 직장을 옮길지 말지, 결혼을 할지 말지 등등 이후의 인생여정을 바꿀 만큼 아주 중요한 결단까지 판단과 선택을 피해 살아갈 방법은 없다.

꽉 끼지도 헐겁지도 않은 수레바퀴 장부나, 일곱 구멍 없이 잘 살았던 혼돈의 비유를 통해 장자가 말하고 싶었던 것은 판단하지도 선택하지도 말라는 것이 아니다. 마찬가지로 장자의 불언지교 역시 아무것도 가르치지 말라는 의미가 아니다. 세상에 던져져 매 순간 실존적 결단을 요구받는 우리가 구별짓지 않고, 판단과 선택을 유보하며 산다는 것은 불가능에 가깝다. 마찬가지로 갓 세상살이를 시작한 아이들에게 부모는 구별하고 판단하고 선택하는 법을 가르칠 수밖에 없다.

"혹 가르침을 계획하지 않아도 괜찮다거나 우리 아이들이 배웠으면 하고 바라는 것을 아이들은 어떻게든 저절로 배우게 되리라고 믿고 싶은 것은 아닌가? 만일 그렇다면 그것은 잘못이다. …… 이러한 질책에 대한 가장 흔한 변명은 우리도 뭐가 확실하다고 믿을 만한 것인지 알지 못한다는 것이다. 하지만 이 역시 사실이 아니다. 우리가 서른다섯 살에서 마흔 살에 이르고, 아이들이 어려운 문제를 익힐 수 있을 정도의 나이가 되면 우리 스스로도 만족할 만한 해답을 이미 가지고 있다. 좋다. 그 해답을 아이들에게 가르쳐주자. 아이들이 그 해답을 비판하고 공격하고 폐기하기도 할 것이다. 최소한 당분간은. 그래도 좋다. 우리는 우리 의무를 다한 것이다. …… 소년법원과 정신병원은 아버지와 어머니에게 아무것도 배우지 못한 젊은이들로 넘쳐난다. 그들은 '잘못' 키워진 게 아니라 '안' 키워진 것이다."

- 하이트, G., 『가르침의 예술』

수십 년간 교편을 잡았던 하이트는 자신의 앎과 판단이 믿을 만한 것인지 확신이 서지 않더라도, 부모는 그에 근거해 아이를 가르칠 수밖에 없다고 말한다. 심지어 아이가 부모의 가르침에 반항하거나 훗날 잘못된 가르침을 비난한다 하더라도 부모는 그렇게 해야 한다. 그가 보기에 '안' 키워진 것보다는 '잘못' 키워진 편이 낫기 때문이다.(이 주장에는 개인적으로 동의하기 어렵다. '잘못' 키워진 아이를 교정하는 것과 '안' 키워진 아이를 새롭게 가르치는 것, 어느 쪽에 더 많은 에너지가 들까?) 아이를 키우고, 가르치는 것이 부모에게 피할 수 없는 선택이라면, 가능하면 '잘' 키우고 가르쳐야 할 것이다. 아이들이 보되 보지 못하는 것이 없도록, 듣되 들리지 않는 것이 없도록, 생각하되 생각지 못하는 것이 없도록 그렇게 잘! 그러려면 무엇보다 부모의 사고가 말에 묶여 있어선 안 된다.

ㅓ

공자가 명성을 떨치고 있던 노나라에 왕태라는 올자兀者가 있었다. 올자는 벌(월형)을 받아 발이 잘린 사람을 뜻한다. 당시 중국엔 발꿈치나 발목을 자르거나 코를 베거나 얼굴에 자자刺字(살가죽을 갈라 글자를 새김)를 하는 형벌이 있었는데, 그것은 단순한 신체적 형벌이 아닌 카인의 표식처럼 사회적 격리를 의도한 형벌이었다. 이야기에서 장자는 범죄자라는 낙인이 찍힌 왕태를, 공자를 능가하고 공자조차 존경하는 교육자로 등장시킨다.

왕태 이야기 외에도 『장자』에는 사람들이 꺼려하는 기이하고 추한 인물들이 참된 스승으로 등장하는 이야기들이 많다. 예를 들어 위나라 영공의 스승은 절름발이에 곱사등이며 입술이 없는 인기지리무신闉跂支離無脤이었고 제나라 환공의 존경을 받았던 이는 항아리 크기의 혹을 가진 옹앙대영甕盎大癭이었다. 이러한 장치를 통해 장자는, 반듯하고 모범적인 현자들이 '말'하는 올바름, 아름다움, 정의로움보다 사람들의 마음을 벅차게 하고 스스로 성장하게 하는 무언가가 있음을 암시하고 있다.

> *"서서 가르치지 않고, 앉아서 토론하지 않아도 (사람들이) 비우고 갔다가 채워서 돌아옵니다. 정말 말없는 가르침不言之敎이란 것이 보이지 않게 사람들의 마음을 이룬(채운) 것입니까? 그는 어떤 사람입니까?"*

왕태 이야기 속에서 공자의 제자는 스승에게 묻는다. 수많은 사람들이 올자인 왕태를 찾아 배움을 구한다는데 어찌된 일인지, 정작 왕태는 그 어떤 가르침도 전하지 않는데 사람들이 스스로 마음을 채우고 돌아간다는데 정말 말없이 전해지는 가르침이란 것이 있는 것인지, 왕태는 대체 어떤 사람인지. 공자는 제자의 물음에 이렇게 대답한다.

"왕태는 말에 얽매이지 않는, 마음을 자유롭게 쓸 줄 아는 사람이다."

> "다르다는 면에서 보면 간과 쓸개가 초나라와 월나라처럼 멀고, 같다는 면에서 보면 만물이 다 한 몸이다. 무릇 왕태와 같은 사람은 말소리와 얼굴빛에 얽매이지 않고, 덕이 조화를 이루는 경지에서 마음을 자유롭게 움직인다. 만물을 하나로 간주하니, 상실한다고 생각하지 않아 그의 발을 잃는 것을 마치 흙덩어리를 잃는 것처럼 본다."

自其異者視之, 肝膽楚越也 自其同者視之, 萬物皆一也. 夫若然者, 且不知耳目之所宜, 而遊心乎德之和. 物視其所一而不見其所喪, 視喪其足猶遺土也.「덕충부」

밝고 어두움, 크고 작음, 해롭고 이로움... 모든 사고와 판단은 상대적이다. 서로의 짝이 없으면 존재하지도 인식되지도 않는다. 말은 서로의 차이를 구별하는 데 쓰이고, 그 차이를 더 크고 견고하게 인식하도록 만든다. 구분과 구별은 사물과 사태를 어느 한 관점에서 바라본 것일 뿐 실재는 생각처럼 나뉘어 있지 않음을 왕태는 깨닫고 있었다. 그는 말과, 말을 통해 작동하는 사고로부터 자유로운 사람이었다.

"사람은 흐르는 물에서 자기를 비춰볼 수 없으나 머물러 있는 물에서는 비춰볼 수 있다. 오직 머물러 있는 것만이 머물게 할 수 있으니 사람들이 머문 것이다."

人莫鑑於流水而鑑於止水, 唯止能止衆止.「덕충부」

장자는 왕태의 자유로운 마음用心을 '머물러 있는 물(지수止水)'에 비유한다. (처음 이 구절을 접했을 때 '흐르는 물流水'이 자유에 훨씬 잘 어울리는 이미지인데 장자가 왜 머물러 있는 물을 택했는지 의아했다. 정의된 이름들과 익숙한 연상聯想으로 굳어진 나의 뇌 회로는 한참을 둘러서야 자유와 머물러 있는 물을 연결시킬 수 있었다.) 흐르는 물은 일정한 방향을 지닌다. 반면 머물러 있는 물은 가야만 하는 경로가 없다. 사물을 거울처럼 있는 그대로 비출 수 있는 것은 머물러 있는 고요한 물이다. 장자가 생각하는 자유의 속성은 '내 마음대로'가 아니라 '있는 그대로'에 있다. 홀로 유유자적 세상 밖을 떠도는 것이 아니라, 내 마음에 묶이지 않고 세상을 있는 그대로 포용하는 것이 장자의 자유다. 사람들은 있는 그대로 자신을 비출 수 있는 곳에 머물며 스스로 자유로워진다. 그것이 장자가 생각하는 배움이고 성장이다.

학교에서 돌아온 아이가 들뜬 목소리로 선생님께 칭찬받은 일을 이야기한다. 때로 장난스럽게 친구들 흉을 보고, 때로 분한 얼굴로 억울함을 토로한다. 아이가 부모 앞에서 마음을 다 드러내 보이며 재잘거린다는 것은 다행히 부모가 아이에게 의사나 판사 노릇을 해오지 않았다는 방증이다.[1] 내 말을 분석해 처방하고 가르치려 드는 사람 앞에서 솔직한 마음을 드러낼 사람은 거의 없으니 말이다.

그런데 이때 부모가 들어야 하는 것은 아이 입에서 나온 말이 아니다. 부모가 이해해야 하는 것은 말의 내용이나 논리가 아니다. 말에 매이면 들을 수 없고, 말을 분석하면 이해할 수 없는 그것, 부모가 들어야 하는 것은 말이라는 그림자의 주인, 아이의 마음이다. 장자는 상대를 편견 없이 품기 위해서는 '귀로 듣지도 마음으로 판단하지도 말라. 기운(에너지)으로 들으라'고 했다.

귀로 듣지 말고 마음으로 듣고, 마음으로 듣지 말고 기氣로 들어라! 귀는 들음에 그치고 마음은 부합(符)하는 데서 그쳐라! 기氣는 허虛하여 온갖 사물들을 받아들일 수 있는 것이다.

---

[1] "예전에 선생님께서 '안정된 나라는 떠나고 혼란한 나라로 가라. 의원 앞에는 병든 사람이 많다'고 하셨습니다. 배운 대로 가야 할 곳을 생각하니 (위태로운 위나라로 가야겠다는 결심이 섰습니다. 제가 가서) 그 나라가 나아지지 않겠습니까?"
回嘗聞之夫子曰, 治國去之, 亂國就之, 醫門多疾. 願以所聞思其則庶幾其國有瘳乎. 「인간세」.
인간세편에 실린 이 이야기에서 공자의 수제자 안회는 포악한 위나라의 군주를 병든 사람에, 자신을 의원에 비유한다. 가르치려 드는 사람들 대부분은 누군가의 잘못을 수술하듯 도려낼 재주와 자격을 자신이 갖추고 있다고 착각한다.

無聽之以耳而聽之以心, 無聽之以心而聽之以氣. 聽止於耳, 心止於符. 氣也者, 虛而待物者也. 唯道集虛.「인간세」

'기로 듣는다聽之以氣'는 표현이 정확히 어떤 의미인지 잘 모르겠다. 많은 의미로 해석할 수 있겠으나 나는 '기'를 모든 것을 있는 그대로를 포용하는 기운, 또는 편견 없이 상대를 수용하고 응대하는 힘으로 이해하였다. 여기에서 한 가지 유의할 점은 모든 것을 있는 그대로 포용한다는 것이 무조건적인 수용을 뜻하는 것은 아니라는 것이다. 아이가 부모에게 자기 마음을 있는 그대로 드러낼 수 있으려면 부모가 의사처럼 진단하고 처방을 내려서도 안 되지만 그렇다고 열렬한 신도처럼 무조건적인 믿음과 기대를 품어서도 안 된다. 기대와 칭찬은 실망과 비판만큼, 아니 어쩌면 더 아이들이 있는 그대로의 자신을 드러내지 못하도록 만들 수 있다.

머물러 있는 물, 왕태의 마음엔 정해진 것이 없었다. 사람들은 그의 곁에 자기 자신으로 머무르며, 어떤 기대도 비난도 없는 고요함 속에서 자신을 관찰할 수 있었다. 위대한 스승 공자가 아니라 올자 왕태 곁에 사람들이 머문 이유가 그것이다. 우리는 완벽한 지성과 도덕성을 갖춘 부모가 될 필요는 없다. 대신 아이가 자신을 오롯이 바라볼 수 있는 맑은 호수 같은 부모가 되어야 한다. 아이는 그 호숫가에 머물며 미처 깨닫지 못했던 자신의 갈망과 결핍을 발견하기도 할 테고, 꺼내기 힘들었던 상처와 기억을 마주하기도 할 것이다.

부모가 부모의 세상에서 경험하고 깨달았던 것들은 말로 전할 수 없다. 말로 전해진 것엔 성장의 힘이 없다. 스스로 자신이 견딜 수 있는 최선을 찾아 다음 걸음을 옮길 때 아이는 비로소 성장한다. 말로 전해진 외부의 강령이 아니라 스스로 찾은 내부의 기준에 따를 때 아이는 비로소 자유롭다. 이때의 자유는 머물러 있는 물처럼 세상 안에서 나와 다른 선택들을 있는 그대로 포용하는 자유다. 오직 머물러 있는 것만이 머물게 할 수 있다.

08

자유로운 마음으로 변화를 타다

노니는 마음으로 사물의 변화를 타고, 중심을 길러 '나로선 어찌할 수 없는 것(부득이)'에 기대는 것이 최선이다.

夫乘物以遊心, 託不得已以養中, 至矣.「인간세」

08

자유로운 마음으로 변화를 타다
승물이유심 乘物以遊心

사람들이 가끔 묻는다. 장자철학을 전공했으면서 왜 아이를 대안학교에 보내지 않았는지, 도시를 떠나 자연 속에서 아이를 키우고 싶진 않았는지. 이런 질문들은 장자철학을 은둔자나 자연인의 철학으로 생각하는 익숙한 오해에서 비롯되었다고 본다. 실제 많은 연구자들이 장자를 현실도피적이며 저 멀리 피안을 꿈꾸었던 철학자로 설명해왔고[1], '곤과 붕의 이야기'를 비롯해 그렇게 해석될 만한 이야기들이 『장자』에 많이 등장하는 것도 사실이다. 만약 장자철학에 대한 그러한 평판이 맞다면, 현실 안에서 극히 현실적인 문제들과 싸우며 자녀를 양육해야 하는 부모들에게 장자의 메시지는 실제적 도움을 주진 못할 것이다(그렇다고 현실에 지친 부모들이 장자에게서 치유와 위안을 기대하기엔 그의 말들은 날선 칼처럼 논리적이고 차갑다).

---

1) 대표적인 현대 장자철학 연구가 가운데 유소감劉笑敢은 장자철학을 "오묘하고 은밀하며, 기개가 대단한데 결국은 허구적이고 환상적인 경지에 있는 사상에 불과"하다고 비판했다. - 劉笑敢(1998).『莊子哲學』(개정판). 소나무. 162-163쪽.

철학사에서 동양의 공자와 서양의 소크라테스는 공통적으로 '철학의 시선을 우주와 자연에서 인간과 인간사회로 옮겨놓았다'는 평가를 받는다. 학문과 지식은 인류가 생존을 위해 환경을 이해하고 극복하기 위한 도구다. 그런 점에서 철학의 대상이 자연환경에서 인간으로 바뀌었다는 것은 당시 인간의 생존을 위협하는 가장 두려운 존재가 인간이었음을 반증한다.[2] '백가쟁명百家爭鳴', 공자를 비롯해 춘추전국시대를 살았던 모든 지식인들의 관심은 인간과 인간 사회에 있었다. 장자도 예외가 아니다.

장자의 관심은 저세상이 아니라 타인이 가장 무서운 생존환경인 인간사회(장자식 표현으로 인간세人間世)에 있었다.[3] 구만 리 상공을 날아오른 거대한 붕새나 사해 밖을 오가는 천지 정신은 현실 사회에서 상처 없이 생존하기 위한 장자식의 관점과 태도를 설명한 비유일 뿐이다. '현실 초월적인' 인물들과 이야기들을 통해 장자는, 죽는 날까지 자기 눈앞의 세상과 투쟁할 수밖에 없는 사람들에게 그들의 시선이 눈앞의 세상에 갇혀 있으면 수많은 상처를 입은 채 쓸쓸히 전장에 남겨질 것을 경고한다. 세상과의 투쟁에서 승패는 중요하지 않다. 우린 때로 지고 때로 이길 것이다. 중요한 것은 상처 없이 유영지로 돌아오는 것이다. 잠시 숨을 돌리고 다시 전장에 나갈 용기와 힘을 남겨두는 것이다.

---

2) 공자(기원전 551~479)와 소크라테스(기원전 469~399)는, 농업혁명으로 잉여생산이 생기고 정착할 땅과 노동력이 중요해지면서 재화, 땅, 노동력을 힘으로 강탈하는 전쟁의 시대를 살았다. 제후국 간, 도시국가 간 전쟁 뿐 아니라 내부적으로 복잡한 계급 질서가 만들어지던 시대이기도 했다. 당시 사람들이 생존을 위해 싸워야 할 주적은 호랑이나 가뭄, 홍수 같은 자연현상이 아니라 또 다른 사람들이었다.

3) "장자의 정신 소요는 '천지 정신'의 경지에만 머물러 있지 않고, 그 경지를 거쳐서 만물 변화의 세간으로 옮겨 온다. 왜냐하면 천지 정신과의 왕래에서는 정신 소요의 주체만 확립될 뿐이요 정신 향유의 대상은 역시 세간 만물이기 때문이다. ...... (장자가) '천지의 정正을 타고 세간 만물의 변화에서 노닌다'고 한 말들이 그런 것들이다."
   - 김충열(1995).『김충열교수의 노장철학 강의』. 예문서원. 301쪽.

도가사상가 가운데 위아론자爲我論者로 불리는 양주楊朱는 아래와 같이 말했다고 한다(훗날 맹자 등이 도가사상을 이기적인 양생술養生術로 폄하하기 위해 활용한 덕분에 현재까지 전해진 유쾌한 선언이다).

사람마다 자기 털 한 오라기를 훼손하지 않고, 사람마다 천하를 이롭게 해보겠다고 나서지 않는다면, 천하는 안정될 텐데.

人人不損一毫, 人人不利天下, 天下治矣. 『열자』 「양주」

이 문장은 '내 다리털 한 오라기를 뽑아 천하가 태평해진다 해도 나는 그 털을 뽑지 않겠다'고 의역되기도 한다. 진정 양주는 자기 털 한 오라기가 세상의 안녕보다 소중하다고 생각했을까?

앞발을 치켜든 사마귀가 수레바퀴에 맞서는 것은 자신이 그 일을 감당할 수 없음을 모르기 때문이다.

怒其臂以當車轍, 不知其不勝任也, 是其才之美者也. 「인간세」

모든 사람들은 따라 죽는 데 이른다. 누군가 인의를 따라 죽으면 세상은 군자라 하고, 누군가 재물(이익)을 따라 죽으면 세상은 소인이라 한다. 따라 죽은 것은 하나인데 군자가 있고 소인이 있구나.

天下盡殉也. 彼其所殉仁義也則俗謂之君子 其所殉貨財也則俗謂之小人. 其殉一也 則有君子焉 有小人焉. 「변무」

공자가 초나라에 갔을 때 초나라의 미치광이 접여가 그의 문 앞을 지나며 말했다.

"봉황이여, 봉황이여, 어찌하여 덕이 쇠해졌는가! 오는 세상은 예측할 수 없고, 지나

간 세상을 따라갈 수 없네. 천하에 도가 있을 때 성인은 뜻을 이루고, 천하에 도가 없

을 때 성인은 생존하며, 지금 같은 때는 겨우 형벌을 면할 뿐인데."

孔子適楚,楚狂接輿遊其門曰, 鳳兮鳳兮,何如德之衰也. 來世不可待,往世不可追也. 天下有道,聖人成
焉. 天下無道,聖人生焉. 方今之時,僅免刑焉.「인간세」

전쟁의 시대, 장자의 눈에 인의仁義 도덕道德이라는 순진한 이념을 앞세워
무도한 세상을 바로잡으려 하는 유가는 수레바퀴 앞을 막아선 사마귀와 같
았다. 그들의 용기는 만용에 가깝고, 그들의 믿음은 오만했다. 양주나 장자
에게 세상의 변화는 누군가의 의지나 신념으로 만들어지는 것이 아니었다.
역사는 인류를 구원하거나 세상을 바꾼 위대한 인물들을 기억하고 찬양한
다. 그러나 그들은 다른 모든 조건들이 무르익은 때를 운 좋게 만난 것일 뿐
(장자의 표현을 따르자면 '세상에 도가 있을 때를 만나 성취한 것일 뿐') 온
전히 한 인물의 재주와 능력으로 위대한 과업을 달성했다고 보긴 어렵다. 물
론 준비되지 않은 자에겐 다른 조건들이 무르익었다 한들 아무런 의미도 없
을 것이다. 하지만 생존의 키는 '얼마나'가 아니라 '언제'에 있다. 추운 겨울
에 알을 깨고 나오면 굶어죽기 십상이다.

생존을 위해 우리에겐 구만리 상공으로 날아올라 사해 밖을 비행하는 붕새처럼 세상과 시대의 변화를 조망하는 눈이 필요하다. 세상은 쉼 없이 변화한다. 정확히 말하면 여러 방향에서 다음 변화를 일으킬 에너지를 축적하고 있다. 평범한 우리가 세상의 변화에 적응하고 생존하는 방법은 단순하다. 바로 '순리'를 따르는 것이다. 나의 힘만으론 어찌해볼 수 없는, 이미 주어진 것들이 작용하는 이치를 헤아리고, 변화의 기미를 살피고, 그 변화에 응하는 것, 장자는 그러한 생존의 방식을 '승물乘物'이라 표현했다.

노니는 마음으로 사물의 변화를 타고, 중심을 길러 어찌할 수 없는 것(부득이)에 기대는 것이 최선이다.

여기 말이 한 마리 있다고 하자. 어떤 이는 고삐를 끌며 말을 앞서가고, 어떤 이는 꼬리를 붙들고 끌려가듯 뒤를 쫓는다. 말과 함께 가는 가장 현명한 방법은 말을 타고 가는 것이다. 말을 타면 발이 상할 위험도 없고 무엇보다 주변을 살피기 용이하다. '승물'은 사물을 타는 것이다(여기에서 사물이란 외부의 사물과 사태event 모두를 가리킨다). 사물을 타는 것은 그것의 변화를 이끄는 것과 다르다. 또한 수동적으로 변화에 이끌리는 것과도 다르다. 승물은 사물의 변화에 호응하고, 내가 선택하거나 결정할 수 없는 것들을 겸허히 수용하는 태도다. 변화를 이끌지도, 그렇다고 그에 끌려가지도 않는 중도의 태도이며, 도래하는 것을 도래하도록 하는 무위無爲의 태도라고 할 수 있다.

그렇다고 승물이 현실에 순응해 그때그때 대응하기만 하는 소극적 태도를 뜻하는 것은 아니다. 변화는 오랜 시간 충분히 응축된 에너지가 폭발하며 일어난다. 따라서 어떤 일을 도모할 때 '변화의 기미'를 살펴 큰 흐름을 예측하는 것은 가능하다. 단, 그 방향성을 함부로 단정 지어선 안 된다. 과감하게 미래를 예단하는 사람들의 공통된 특징은 몇몇 지표들이 보여주는 과거의 패턴을 맹신한다는 것이다. 동일한 사건이 일어났다고 해도 그것을 둘러싸고 있는 수많은 조건들이 동일하지 않은 이상 그 현상의 전개가 동일할 수는 없다. 예측과 예단은 다르다.

최근 의대 정원 확대가 추진되면서 초등학생 대상 학원들에 의대진학반이 개설되고 있다는 뉴스가 있었다. 수십 년 동안 의사는 대한민국에서 최상의 직업이었다. 의사들이 고소득과 높은 사회적 지위를 누릴 수 있었던 것은 쉽게 접근할 수 없는 전문적 영역에서 고도의 지식과 훈련을 쌓은 까닭이기도 하지만, 배출되는 의사의 수가 상대적으로 적었기 때문이기도 하다. 그런데 의대 정원이 확대되고 지금보다 훨씬 많은 수의 의사가 배출되면 그 때도 지금과 같은 소득과 지위를 누릴 수 있을까? 전국의 의사들이 파업을 예고하고 의사협회장이 삭발을 하는 것을 보며 수십 년 이어진 그들의 아성에 금이 가고 있음을 감지해야 한다. 내 아이가 의대에 진학할 가능성이 높아졌다가 아니라 의대에 진학하는 것이 올바른 선택인지 의심해 보아야 할 시점인 것이다.

그렇지만 앞으로도 꽤 오랫동안 의사는 많은 사람들이 선망하는 직업일 것이다. 변화는 늘 우리 예상보다 늦게 나타나고, 예상보다 진폭이 크다. 변화의 기미를 살피되 기민하고 즉각적으로 움직이는 것은 오히려 위험할 수 있다.

길 떠나는 것을 두려워하는 사람이, 열 사람 가운데 한 사람이 살해되어 부자형제가 서로에게 위험을 알리고 반드시 무리가 커진 후에 길을 나서니, 총명하지 않은가?

夫畏塗者 十殺一人 則父子兄弟相戒也 必盛卒徒而後敢出焉, 不亦知乎. 「달생」

길 없는 길을 걷는 사람의 용기와 헌신을 존경한다. 그들은 자신을 희생하여 뒤따라오는 사람들에게 그 길에서 부닥칠 위험을 알려주었다. 우리가 기억하고 존경하는 그들은, 없는 길을 걸었던 수백, 수천 명 가운데 억수로 운이 좋았던 몇 명이다. 우리가 기억하지 못하는 남은 수천 명은 자신의 생을 의미 없이 희생했을 뿐이다. 승물은 생존법이다. 세상의 변화를 읽고도 섣부르게 움직여 죽는다면 무슨 소용이 있나. 한 걸음 늦어도 괜찮다. 천천히, 세상과 함께 가자.

ㅓ

승물이유심乘物以遊心, 승물이 외물을 타는 것이라면 유심遊心[4]은 내면을 자유롭게 하는 것이다. 세상의 변화를 타기 위한, 다시 말해 인간 사회에서 상처 없이 생존하기 위한 내면의 조건으로 장자는 '노닐 듯 자유로운 마음'을 이야기한다.

---

4) '마음을 노닐게 한다(遊心)'는 강박적인 집착이나 과도한 목적의식에서 벗어나 마음을 자유롭고 유연하게 한다는 뜻이다.

장자가 21세기 한국이라는 인간세에 살고 있다면 어떤 삶을 선택했을까? 부질없는 경쟁을 피하고 가난하지만 자유로운 아웃사이더로 살았을까? 아마 아닐 것이다. 그는 평범한 이웃집 아저씨로 우리 안에 살고 있을 것이다. 게임회사에 다닐 수도, 코인 투자를 하고 있을 수도 있다. 아마 그는 경쟁도 피하지 않았을 것이다. 아니, 피할 수 없었을 것이다. 경쟁은 모든 살아있는 것들에게 이미 주어져 있는 '부득이'니까.

사람들은 경쟁을 싫어하고 피하고 싶어 한다. 나도 그렇다. 경쟁이 싫은 이유를 말하라면 막힘없이 열 가지는 말할 수 있을 것 같다. 그런데 곰곰이 생각해보면 내가 진짜 피하고 싶은 것은 경쟁이 아니라 경쟁에서 지는 것인지 모른다. 경쟁에서 탈락하고 패배감 속에 초라한 나를 확인하는 일은 상상만으로도 슬프다. 장자는 경쟁을 피하지 않았을 것이다. 왜냐하면 그는 잃는 것을 두려워하지 않기 때문이다.

안연이 공자에게 물었다.

"제가 상심이라는 호수를 건너는데 뱃사공의 상앗대질 솜씨가 신기에 가까웠습니다. 그에게 물어보았습니다. '상앗대질을 배울 수 있습니까?' 뱃사공이 대답하길, '할 수 있습니다. 헤엄을 잘 치는 사람은 금방 배울 것이고, 잠수를 잘 하는 사람은 한 번도 배를 본 적이 없더라도 날렵하게 상앗대질을 할 수 있을 것입니다'라고 했습니다. 뱃사공에게 이유를 물었지만 대답해주지 않았습니다. 이유가 무엇인지요?"

공자가 답했다.

"헤엄 잘 치는 이가 상앗대질을 금방 배울 수 있는 것은 물을 잊어버리기 때문이다. 잠수를 잘 하는 이가 배를 본 적이 없어도 날렵하게 상앗대질을 할 수 있는 것은 그가 호수를 육지처럼 보고 배가 뒤집히는 것을 수레가 뒤로 구르는 것처럼 여기기 때문이다. 뒤집히고 물러나는 온갖 일이 눈앞에 벌어져도 그의 마음속에 들어오지 못하니 어디 간들 여유롭지 않겠느냐.

기와 조각을 걸고 활쏘기 내기를 하면 실력을 발휘하고, 은덩어리를 걸고 활을 쏘면 주저하고, 금덩어리를 걸고 활을 쏘면 시야가 흐릿해진다. 실력은 하나지만 (잃으면) 아까운 것이 있어 바깥을 중시한 것이다. 바깥을 중시하면 안이 졸렬해지기 마련이다."

顏淵問仲尼曰 吾嘗濟乎觴深之淵 津人操舟若神. 吾問焉 曰操舟可學邪. 曰可. 善游者數能 若乃夫沒人則未嘗見舟而便操之也. 吾問焉而不吾告. 敢問何謂也. 仲尼曰 善游者數能 忘水也. 若乃夫沒人之未嘗見舟而便操之也 彼視淵若陵 視舟之覆猶其車却也. 覆却萬方陳乎前 而不得入其舍 惡往而不暇. 以瓦注者巧 以鉤注者憚 以黃金注者殙. 其巧一也 而有所矜 則重外也. 凡外重者內拙. 「달생」

『장자』에서 공자는 장자의 말을 대신 전하는 주요 화자다. 장자가 유가를 비판했던 것과는 별개로 공구孔丘라는 인물을 존경했던 것일 수도 있고, 유가의 태두를 자기 이야기의 화자로 씀으로써 유가에게 의문의 일패를 안기려 한 절묘한 전략일 수도 있다. 어쨌든, 이 이야기에서 공자는 상앗대질을 잘하려면 무엇보다 물을 두려워하지 않아야 한다고 말한다. 물에 빠질까 두려워 주저하면 상앗대질을 배울 수 없다. 마찬가지로 허접한 기왓장을 걸고 활쏘기 내기를 하면 과감하게 실력을 발휘하는데, 은이나 금을 걸고 내기를 하면 손이 떨리고 과녁이 흐릿해진다. 잃을 것을 소중하게 여길수록 이겨야만 한다는 강박에 시야는 좁아지고 마음은 졸렬해지는 것이다.

입시 경쟁에서 져서, 국가대표 선발전에서 탈락해서, 입사 시험에 떨어져서, 교수 채용에서 고배를 마셔서 내가 잃는 것, 내 아이가 잃을 것은 무엇일까? 경쟁의 결과를 받아들 때까지의 모든 시간과 노력이 순간 연기처럼 사라질까? 다른 사람들의 기대와 믿음이 실망과 비웃음으로 순식간에 바뀔까? 만약 누군가 다른 이의 실패를 비웃는다면, 그는 승패가 사람의 의지나 재능, 노력만으로 결정된다는 능력주의의 함정에 빠져 있기 때문일 것이다. 실증주의 경제학자인 김현철에 따르면 인생 성취의 8할은 운이라고 한다.

"(데이터에 따르면) 태어난 나라에 따라 평생 소득의 50% 이상이 결정됩니다. 부모가 물려준 DNA가 30%, 자라난 환경이 10% 비율로 소득에 영향을 미쳐요. 입양아와 친자의 소득 추적 통계로 밝혀진 사실입니다. 나머지는 살면서 만나는 행운과 불운, 은인과 악연이 크로스 되는 거죠. 운 좋게 대학에 간 것, 사소한 기적들... 따지고 보면 노력과 집중할 힘조차 유전과 양육 환경에서 나와요. 순수한 내 능력과 노력은 제로에 가깝습니다. …… 능력주의의 함정이 '네가 게으른 탓'이라고 단정하는 거잖아요."

- 《조선비즈》, 2022.12.09 김현철 교수 인터뷰

이 경제학자의 주장을 듣고 모든 것은 이미 결정되어 있고, 성공과 패배의 책임이 내가 아니라 나의 조건에 있다고 결론 내린다면 능력주의의 압박보다 삶에 더 부정적인 영향을 미칠 수도 있다. 그는 '나는 운이 좋고 너는 운이 나빴을 뿐'이라고 인정할 때 약자를 보듬는 품이 생기고, 운 좋은 부자들이 운이 나빠 가난한 사람들을 위해 기꺼이 자기 소득을 나눌 때 고복지 국가로의 전환이 가능하다는 선한 취지에서 운수론(?)을 띄운 것이다. 그런데 운이 나빠 가난한 이의 입장에서는 나의 능력과 노력이 성취에 미치는 영향이 제

로에 가깝다는 통계가 어떤 위안을 줄 수 있을지 모르겠다.

'운명이라는 집에 편안히 머무르며(안명安命)', '나의 힘으로 어쩔 수 없는 것에 기댈 것(탁부득이託不得已)'을 주장한 장자도 종종 운명론자로 분류된다. 하지만 그가 말하는 운명은 거대한 수레바퀴처럼 움직이는 것이다. 과거의 어느 시점에서 시작되어 현재를 지나 미래로 이어지는 것이다. 나의 의지와 노력으로 완성되는 것은 아니지만 지금 나의 행위와 결정에 의해 변화하는 것이다. 단, 운명의 수레바퀴는 너무도 커서 지금의 성패가 훗날 어떤 의미를 지닐지 예단할 수는 없다.

경쟁에서 패배해서 나와 내 아이가 잃을 것은 과거의 모든 시간과 노력이 아니다. 아직 결정되지 않은 미래도 아니다. 우리가 잃을까 두려워하는 것들은 상상처럼 대단하지 않을지도 모른다. 피할 수 없는 부득이한 상황이라면, 기왓장을 걸고 놀이하듯 유유히 경쟁하라. 때로, 어쩌면 자주 패배하겠지만, 삶을 이어갈 생의生意만 잃지 않는다면 낙담은 길지 않을 것이다. 그리고 어쩌면 에너지를 소진하며 치열하게 싸우는 것보다 여러모로 나은 결과를 얻을 수도 있다.

경쟁은 피할 수 있는 것도, 피해야 하는 것도 아니다. 중요한 것은 경쟁의 결과가 아니라 무엇을 두고 경쟁하느냐다. 지금 눈앞의 경쟁에서 이기고 지는 것이 문제가 아니라 내가 에너지를 쏟고 있는 방향이 올바른 것인지가 문제다. 지금 눈앞의 경쟁에서 지더라도 그 과정에 쏟아 넣은 시간과 노력은 여전히 나의 것이며, 그것이 나의 미래를 만들 것이기 때문이다. 방향을 선택할 때는 자기장 안의 나침반 바늘처럼 세상의 변화에 편견 없이 유연한 마음으로 춤을 출 수 있어야 한다. 일단 방향을 선택하면 상황과 조건이 여물

때를 기다려야 한다. 나 역시 하나의 조건이고, 기다리는 동안 충분히 여물어야 한다. 그때가 오지 않을 수도 있다. 괜찮다, 기다리는 동안 재밌을 거다.

09

향유를 위한 소유

그 쇠함이 마치 가을, 겨울 같다는 것은 날마다 소진됨을 말한다. 하려는 것들에 빠지면 돌아가게 할 수 없다. 그 매몰됨이 관을 동여맨 듯하다는 것은 늙어서도 흘러넘침을 말한다. 죽음에 가까운 마음이니 다시 살아나게 할 수 없다.

其殺若秋冬 以言其日消也. 其溺之所爲之 不可使復之也. 其厭也如緘 以言其老洫也. 近死之心 莫使復陽也
「제물론」

향유를 위한 소유
함닉 緘溺

스물여덟 살 그가 말했다.

"내 꿈은 10억을 모으는 거야."

'하... 어떻게 숫자가 꿈이 될 수 있지?'

그 시절 내 꿈은 가난한 시인의 아내가 되는 것이었다. 일 년 후 가난도 시도 좋아하지 않는 그와 난 결혼을 했다. 결혼과 함께 내 꿈은 사라졌지만 그의 꿈은 유효했다. 남편은 정말 개미처럼 부지런히 일하고 아끼고 모았다. 그렇게 한결같은 스물다섯 해가 갔다. 한 지붕 아래 개미와 베짱이, 누가 더 답답하고 힘들었을까? 툴툴거리며 반 개미가 될 수밖에 없었던 베짱이는 요즘 개미에게 고마움을 느끼고 있다. 이 추운 겨울 따뜻한 스토브 앞에서 기타를 튕길 수 있는 건 개미가 자기 일생을 바쳐 열심히 일한 덕분인 것을 잘 안다. 나이 들고 지친 그런데 쉬지 않는 개미를 보고 있노라면 고맙고, 안쓰럽다. 개미의 꿈은 숫자를 갱신하며 여전히 유효하다.

대한민국에 살고 있는 사람들에게 자본주의 경제체제는 선택의 문제가 아니라 태어나보니 운명처럼 주어져 있는 생존환경이다(자기가 원하는 체제를 지닌 국가로 이민을 가거나, 체제 전복을 꿈꾸는 혁명가들에겐 선택의 문제일 수도 있다). 능력과 노력에 기반한 불평등을 정의라 말하는 자유주의 이념에 동의할 수 없더라도, 또는 노동이 창출하는 가치와 자본이 창출하는 가치를 거의 동등하게 인정하는 가치 체제를 이해할 수 없더라도, 다시 말해 내가 선택하거나 합의하지 않은 사회윤리와 체제라 할지라도 평범한 대다수의 우리는 현재 소속된 사회의 룰 안에서 살아갈 수밖에 없다.

앞 장에서 말했듯 사회체제의 변화는 여러 방향으로 움직이던 경제, 사회, 정치적 변수들이 우연한 계기로 동일한 좌표에서 만나 격렬하게 폭발할 때 발생한다. 어떤 상태를 변화시키려면 그 상태를 유지시키는 것보다 훨씬 많은 에너지가 필요하다. 다시 말해 에너지를 축적하는 시간은 변화의 필수조건이다. 오랜 기간에 걸쳐 이루어지는 에너지의 축적과 찰나에 일어나는 에너지의 휘발, 이런 시간의 스펙트럼으로 보면 우리와 우리 자녀 세대에서 체제 전복이라는 거대 이벤트가 발생할 확률은 높지 않을 것으로 보인다.

자본주의 체제의 상징은 시장경제다. 시장에서는 상품은 물론 노동도 화폐 가치로 환산되어 거래된다. 노동을 인적자본human capital이라 부르기도 하는데 여기에는 노동이 생산을 위한 핵심적인 자본이자 시장에서 가치가 결정되는 상품이라는 의미를 동시에 담고 있다. 노동이 유일한 소득 수단인 대다수의 사람들은 지난한 경쟁의 과정을 버티며 냉정한 시장에 자기 노동의 가치를 증명해야 한다.

최근엔 시장경제의 또 다른 축인 금융자본 시장을 통해 노동 외 소득을 얻고자 하는 사람들도 많아졌다. 압축적 근대화로 인해 경제문화의 아노미를 겪으며 방황했던 우리가, 바야흐로 자본의 생리를 이해하고 자본주의 시스템에 적응하며 소위 자본주의적 인간으로 거듭나고 있는 것이다.

우리가 노동을 하고 자본을 투자해서 더 많은 소득을 올리려 노력하는 것은 대체로 소비하기 위해서다(단순하게 계좌에 찍히는 숫자를 사랑하는 사람도 있다). 아이에게 더 좋은 옷을 사 입히기 위해, 더 질 좋은 음식을 먹이기 위해, 가끔 소박한 가족여행이라도 떠나기 위해, 더 이상 노동할 수 없을 때 자식에게 의지하지 않기 위해 우린 돈을 번다.

철저하게 분업화된 현대 사회에서 무엇인가를 누리려면 돈을 벌고 소비해야 하는 것은 분명하다. 소비하지 않고도 누릴 수 있는 것들이 소수지만 남아있기는 하다. 예를 들어 산을 오르기 위해 산을 소유할 필요는 없다. 주인이 찾지 않는 땅에 배추 기르기, 집까지 버스 다섯 정거장 걷기, 가을 산 도토리 줍기, 대형서점 매대에 기댄 채 신간 읽기, 노을에 물든 구름 바라보기... 생각해보니 내 것이 아니어도 향유할 수 있는 것들 대부분은 낭만의 영역에 놓여 있는 것 같다. 먹고 사는 실생활의 영역에서 소비 없이 누릴 수 있는 것들을 찾긴 쉽지 않아 보인다. 가끔 그 어려운 걸 해내는 분들이 있는데 우린 그들을 '자연인'이라 부른다.

모든 어미 동물은 새끼들에게 스스로 먹이 구하는 방법을 가르친다. 먹이 구하기 쉬운 봄에 태어나 부모의 보살핌 속에 풍성한 여름을 보내지만 겨울 눈 속에서 주린 배를 달랠 먹이를 찾아야 다음 봄을 맞을 수 있다. 우리와 우리 자녀들이 자본주의 사회 안으로 던져졌음을 상기하자. 아이를 자연인으로 키울 결심을 한 것이 아니라면, 부모는 아이에게 자본주의의 기본적인 생리를 가르쳐야 한다. 언젠가 독립하여 스스로 생존할 수 있도록 낭만이 아닌 현실을 알려줄 의무가 부모에게 있다.

직업엔 귀천이 없지만 시장에서 환산되는 노동의 가치는 분명한 차이가 있고, 시장에서 제대로 평가해주지 않는 노동이 나의 몫이 되었을 때, 나는 생존하기 위해 생존하고 있는 대부분의 시간을 노동에 저당 잡힐 수밖에 없다. 시간을 잃는다는 것은 곧 자유를 잃는 것이다. 반면 경제적으로 여유롭다면 누군가의 노동과 시간을 화폐로 사서 나의 자유를 확장할 수도 있다. 자본주의 사회에서 돈은 자신의 자유를 확보하거나 확장할 수 있는 핵심적인 수단이며 권력이다. 돈이라는 자본주의적 권력을 욕망하는 것은 자유에 대한 인간의 자연스러운 갈망에 기초한다. 그러니 지금 우리 사회에서 노동의 가치가 정당하게 평가받기를 욕망하고, 땀 흘려 모은 자산의 가치가 훼손되지 않기를 욕망하는 것은 부끄러운 일이 아니다.

ㅓ

우리들이 느끼는 불행의 원인은 우리의 욕망과 이에 부응하는 능력과의 불균형에서 비롯된다. 모든 욕망은 결핍을 전제로 하고 있으며 모든 결핍은 고통을 동반한다. …… 가장 참된 행복은 무엇일까? 그것은 욕망을 줄이는 일이다.

- 루소, 『에밀』

루소는 인간이 불행한 원인을 자신의 능력 이상을 욕망하는 것으로부터 찾았다. 루소처럼 인간의 욕망을 불행의 씨앗으로 보고 그 욕망으로부터 벗어나 자족自足의 행복을 추구할 것을 요구하는 종교나 철학이 많다. 그들은 공통적으로 진정한 만족, 진정한 행복은 원하는 것을 소유하는 것이 아니라 그 원하는 마음에서 벗어나는 것이라고 말한다.

루소의 말처럼 모든 욕망은 결핍을 전제로 하고 결핍이 고통을 동반할 수도 있지만, 고통을 피하기 위해서 욕망을 줄이거나 소거해야 하는 것은 아니다. 만약 어떤 욕망의 성취로 기대되는 행복이 충분히 의미 있는 것이라면 그 과정에서 겪어야 하는 고통이나 불행을 감수할 필요가 있다. 때로 결핍의 고통은 성취하고자 하는 의지를 강화하기도 하고, 고통과 불행 자체가 창조 행위로 승화되기도 한다. 고통이 두려워 욕망을 피한다면 인간에게 어떤 창조적인 성취가 있을 것인가? 변화에 적응해 자기를 보존하려는 욕망은 생의 生意(삶에의 의지, 생명력)의 표출이기도 하다.

'양생養生의 도道'를 중시했던 장자는 욕망 자체를 문제 삼지 않았다. 장자가 문제 삼았던 것은 생의의 표출이어야 할 욕망이 생의를 조금씩 갉아먹는 경우였다. 자기보존을 넘어 자기를 파괴하는 욕망을 장자는 '익생益生'이라 했다. 자본주의 경제에서 소비는 혈류와 같다. 소비가 멈추면 경제가 멈춘다. 기업은 끊임없이 새로운 소비 욕구를 창출해야 한다. 기업은 그것을 혁신이라 부르지만, 그 혁신이 가져온 새로운 상품과 기술들 가운데 우리의 삶에 없어서는 안 될 무엇은 얼마나 될까? 바위를 뒤덮은 조가비들처럼 혁신의 산물 대다수는 삶에 덧대어진 것들이다.

단지 조금 더 편리하고, 조금 더 빨라진 자본의 신상을 소비하기 위해 우린 더 많은 돈이 필요해졌다. 단지 조금이라도 많은 돈을 주는 일을 선택하면서 일과 삶은 유리됐다. '워라밸work-life balance'이라는 유행어가 말해주듯 우린 노동의 시간과 삶의 시간을 분리한다. 노동하지 않는 삶의 시간을 최대한 행복하고 의미 있게 보내겠다며 필라테스를 배우고 여행을 가고 영화를 본다. 다시 소비를 통해서 나의 존재를 증명하고 행복하다는 확신을 얻는 것이다.

> 당신이 덜 '존재할수록' 그리고 당신의 삶을 덜 표출할수록, 당신은 그만큼 더 많이
> '소유하게' 되며, 당신의 소외된 삶은 그만큼 더 커진다.
>
> - 에리히 프롬,『소유냐 존재냐』

부모는 자녀에게 자본주의 사회에서의 생존법을 가르쳐야 한다. 그 생존법은 자본의 생리를 이해하고 주어진 체제에 적응하는 것만을 가리키지 않는다. 자본이 쉼 없이 생산하는 익생의 욕구를 경계하고 그것이 삶을 완전히 잠식하지 않도록 깨어있는 것, 그리하여 제대로 생존하는 법을 포함한다.

ᅥ

부모는 아이에게 처음 '나의 것'을 가르치는 존재다. 부모는 어떤 대상의 향유가 소유를 통해서만 가능하다는, 그들의 경험을 통해 얻은 믿음을 은연

중에 아이에게 전파한다. 어쩌면 이 말에 대해, 인간은 처음부터 이기적인 존재로 태어나며 소유욕 역시 가르쳐진 것이 아니라 타고난 것이라고 반박할 수도 있겠다. 사마천은 "부富라는 것은 사람의 타고난 본성이라 배우지 않아도 누구나 얻고 싶어 하는 것"[1]이라 했고, 순자도 "사람의 본성은 태어나면서부터 이익을 좋아한다"[2]고 했고, 심지어 공자도 "부가 구할 수 있는 것이라면 비록 채찍을 잡는 마부의 일이라도 나는 하겠다(하지만 만약 부가 구할 수 없는 것이라면 내가 좋아하는 일을 하겠다)"[3]고 했다. 그러나 아이의 놀이 행동을 자세히 관찰해 본 부모들이라면 알 수 있을 것이다. 어린 아이가 충족시키려고 하는 욕망은 어른들이 그러하듯 무엇인가를 소유하고자 하는 욕망이 아니라 그것을 향유하고자 하는 욕망이라는 것을. 모유를 먹는 아이가 배가 부른 뒤에도 젖꼭지를 물고 놓지 않는 것은 식탐 때문이 아니라 그것이 하나의 놀이이기 때문이고 엄마 가슴의 온기를 더 오랫동안 느끼고 싶기 때문이다. 아이가 자기가 소중하게 아끼는 물건을 친구에게 선뜻 양보하는 것은 친구들 사이에서 좋은 평판을 얻고 싶어서가 아니라 그 친구와 친하게 놀고 싶기 때문이다. 아이들은 존재하고 향유하고자 한다. 아이들은 타고난 이기주의자일 수는 있지만 처음부터 소유욕을 가지고 태어난 것은 아니다. 아이들의 이기적인 소유욕의 출현에 결정적인 역할을 하는 것은 부모다. 정확히 말하면 자신의 소유욕을 자녀에게 투사한 부모의 가르침이다. '아이를 위해' 세운 계획과 그 실천들이 '아이를 통해' 실현하고자 하는 부모

---

1) 富者, 人之情性, 所不學而俱欲者也. 『사기』「화식열전」.
2) 今人之性, 生而有好利焉. 『순자』「성악」.
3) 富而可求也, 雖執鞭之士, 吾亦爲之. 如不可求, 從吾所好. 『논어』「술이」.

자신의 욕망에 기대어 있는 경우는 무수히 많다(더욱이 거의 대부분의 부모들이 '아이를 위해'와 '아이를 통해'를 구별하려는 시도조차 하지 않는다).

향유는 놀이다. 주어진 것에 자족自足하고 그를 통해 생의生意를 발산하는 것이 향유다. 소유에 대한 욕망은 무엇이 자기 것이 된 후에야 충족되지만 향유에 대한 욕망은 꼭 나의 것이 아니더라도, 오히려 다른 사람들과 더불어 누릴 때 더욱 잘 실현시킬 수 있다. 현대 자본주의 사회에서 소유하지 않고 향유할 수 있는 것들이 거의 소멸되었다 하더라도 이 두 가지는 꼭 기억해야 한다. 아이들이 가지고 태어난 것은 존재하고자 하는 욕망이며 자신의 존재를 확인하고자 하는 욕망이라는 것, 소유는 향유를 위한 수단일 뿐 그 자체가 목적이 아니라는 것.

축인祝人과 종인宗人(제사를 담당하던 사람들)이 검정 예복을 입고 돼지우리에 가서 돼지에게 말했다.

"너는 어찌 죽기를 싫어하느냐? 앞으로 석 달 동안 너를 정성껏 기르고, 열흘 동안 (우리 몸과 마음을) 조신하게 하고, 사흘 동안 재계한 후, 하얀 띠풀을 깔고 문양을 세긴 귀한 도마 위에 너를 올려놓을 것이다. 너는 그렇게 하겠느냐?"

돼지 입장에서 생각해보면, 그것(귀한 제물로 제사상에 오르는 것)은 돼지우리 안에 버려진 채 지게미와 쌀겨를 먹는 것보다 못한 일이다. 그런데 정작 사람들을 보면, 높은 벼슬자리에 올라 죽어서 상여를 타고 번다하게 장식된 널에 눕히기를 바란다. 돼지를 위해서는 선택하지 않을 일을 자신을 위해서는 취하는 것이다. 돼지의 경우와 무엇이 다른가?

祝宗人元端以臨牢筴, 說彘曰, 汝奚惡死. 吾將三月㹖汝, 十日戒, 三日齊, 藉白茅, 加汝肩尻乎彫俎之

上, 則汝爲之乎. 爲彼謀, 曰不如食以糠糟而錯之牢筴之中, 自爲謀, 則苟生有軒冕之尊, 死得於豚楯 之上 聚僂之中則爲之. 爲彼謀則去之, 自爲謀則取之, 所異彼者何也. 「달생」

흰 띠풀이 깔린 제단에 올려진 돼지를 보며 '참 운도 좋구나' 생각할 사람 이 있을까? 그런데 정작 사람들은 종이꽃으로 장식된 상여에 눕혀지기를 바 란다. 여기에서 장자가 말하고 싶은 것은 제단과 상여에 올라간 '삶'이다. 죽 은 것과 다를 바 없는 삶, 본질을 뒤덮은 장식들로 생의가 앙상하게 말라가 는 삶, 향유를 위한 수단이었던 소유가 목적이 되어버린 삶.

그 쇠함이 마치 가을, 겨울 같다는 것은 날마다 소진됨을 말한다. 하려는 것들에 빠 지면 돌아가게 할 수 없다. 그 매몰됨이 관을 동여맨 듯하다는 것은 늙어서도 흘러넘침 을 말한다. 죽음에 가까운 마음이니 다시 살아나게 할 수 없다.

장자는 익생의 욕망이 매일 생生을 소진시키는데도 그것에 한번 함닉되 면 돌이키기 힘들다고 말한다. 번다하게 장식된 관에 누워 동아줄(緘)로 그 관을 동여매면 빠져나올 수 없는 것처럼. 다시 말하지만 장자는 생의 욕망을 부정하지 않는다. 그러나 생을 소진시키는 욕망은 경계한다. 부모는 자녀에 게 환경에 적응해 생존하는 법을 일러주어야 한다. 그 생존법의 요체는 '나 의 것'을 만들고 확장하는 소유욕이 아니다. 향유할 만큼 소유하는 능력이 다. 부모가 자신의 결핍과 허영을 투사해 향유할 능력과 취향도 갖추지 않은 아이에게 '널 위한 것들'을 제공하는 행위는 흰 띠풀이 깔린 제단과 번다하게 장식된 관을 선물하는 것과 같다.

10

나를 잃다

(그림자의 그림자인) 망량罔兩이 (그림자인) 영影에게 말했다.

"조금 전까지 걷더니 지금은 멈췄고, 조금 전까지 앉아 있더니 지금은 일어났네. 왜 줏대 없이 이랬다저랬다 하는 거야?"

그림자 영이 말하였다.

"내가 무언가에 기대어 있어서(나도 무언가의 그림자여서) 그런 것일까? 내가 기대고 있는 무언가도 (또 다른) 무엇에 기대어 있어서 그렇고? 난 뱀 비늘이나 매미 날개에 기대어 있는 걸까? 그렇게 한 이유를 내가 어떻게 알겠어. 그렇게 하지 않은 이유는 또 어떻게 알고"

罔兩問景曰 曩子行 今子止. 曩子坐, 今子起. 何其無特操與. 景曰 吾有待而然者邪. 吾所待又有待而然者邪. 吾待蛇蚹蜩翼邪. 惡識所以然. 惡識所以不然.「제물론」

10

나를 잃다
상아 喪我

어느 봄날 엄마가 말씀하셨다.

"벌써 다 컸구나. 머지않아 너희 모두 엄마 품을 떠나 훨훨 날아가겠지? 그때 엄마는 홀씨를 떠나보낸 민들레 줄기 같을 거야."

처음 보는 여린 엄마였다.

얼마 전 딸아이가 독립을 하고 싶다고 말했다. 심장에서 텅 소리가 났다. 머리로는 '맞아, 독립할 때지'라고 생각하면서도 마음은 '조금만 더, 그래 딱 일 년 만 더 같이 살자'고 우겼다. 아이의 독립은 양육과 교육의 거의 마지막 목표다. 아이가 부모로부터 온전하게 독립하여 자기만의 주체적인 삶을 꾸릴 수 있길 염원하며 스무 해 남짓을 애쓰지 않았던가. 마음의 관성과 불안을 떨쳐내고 아이의 독립을 응원하리라 다짐해본다, 딱 일 년만 더 있다가.

나만의 공간, 나만의 시간, 나만의 세계… '독립'이 두근거리는 단어인 이유는 '나만의'란 단어가 지닌 환상 때문인지 모른다. 독립해본 사람들은 안다. '나만의' 공간과 시간은 생각보다 비싸고 생각보다 낭만적이지 않다. 독립은 '나만의 무엇'을 확보하는 것이 아니라 '새로운 우리'를 정비하는 일이다.

장자는 '나'의 정체에 대해 집요하게 관심을 가졌다. '나'라고 여기고, '나'라고 꾸미고, '나'라고 보호하려고 애쓰는 '그것'의 정체. 장자는 '나'의 정체가 의식이 만들어낸 허구의 관념일 수도 있겠다는 생각에 이르렀다.

남곽자기가 탁자에 기대어 앉아 하늘을 우러러 천천히 숨을 내부니 죽은 듯하며, 짝을 잃은 것 같았다. 앞에 서 있던 제자 안성자유가 말했다.

"무엇 때문입니까? (어떻게) 몸은 본래부터 죽은 나무처럼, 마음은 본래부터 꺼진 재처럼 만드신 것입니까? 지금 탁자에 기대어 있는 분은 이전 탁자에 기대어 있던 분이 아닌 것 같습니다."

남곽자기가 말했다.

"언(안성자유의 이름)아, 그것을 묻다니 훌륭하구나. 지금 나는 '나'를 잃었는데 네가 그것을 알아챘느냐?"

南郭子綦隱机而坐, 仰天而噓, 荅焉似喪其耦. 顔成子游立侍乎前, 日何居乎. 形固可使如槁木, 而心固可使如死灰乎. 今之隱机者, 非昔之隱机者也. 子綦日, 偃, 不亦善乎, 而問之也. 今者吾喪我, 汝知之乎.「제물론」

이 이야기에서 안성자유는 스승인 남곽자기가 몸은 죽은 나무인 듯, 마음은 꺼진 재인 듯 탁자에 비스듬히 기대어 앉은 모습을 목격한다. 몸이 죽은 나무와 같다는 것은 신체의 작용이 없다는 의미이고, 마음이 꺼진 재와 같다는 것은 의식의 작용이 없다는 의미다.[1] 깨어 있지만 듣지도 보지도 느끼지도 생각하지도 않는 듯한 스승에게 안성자유는 어떻게 그런 경지에 머무를 수 있는지 물었다. 스승은 자신의 상태를 알아본 제자를 칭찬하며 바로 그것이 '나를 잃은喪我' 모습이라고 말해준다.

첫 문장에서 장자는 '나를 잃음'을 '그 짝을 잃음喪其耦'이라고 표현하고 있다. '나我'의 짝은 '내 밖에 있는 것外物'이다. '나'는 '나 아닌 것'이 있어야 존재할 수 있는 개념이다. 사고와 행위의 주체를 '나'로, 사고와 행위의 대상을 '나 아닌 것'으로 인식하면서 인간의 의식에는 '나'라는 관념이 형성된다. 다시 말해 '나'라는 관념은 인간의 의식이 외부세계로부터 자신을 분리시킴과 동시에 외부세계를 대상화함으로써 형성된다는 말이다.

철학자들은 당연한 이야기를 어렵게 표현하는 재주가 있다. 그런데 진짜 철학의 거인들은 어려운 이야기를 쉽게 표현한다. '짝이 있어야 내가 있는데 짝을 잃었으니 나를 잃은 것이다'라는 장자의 말은 사실 설명을 덧붙일 필요가 없다. 우리의 의식이 무엇을 인식하는 것은 나누고 경계지음을 통해서다. 여기까지가 종로1가고 이 길을 건너면 종로2가다, 이렇게 인식하는 것은 길을 경계 삼기 때문이다. 하지만 모든 경계는 임의로 그어 놓은 것일 뿐 땅은 나뉘어 있지 않다. 마찬가지로 '나'와 '너' 또는 '그것'은 처음부터 나뉘어져 있지 않은, 나눌 수 없는 땅일지도 모른다.

---

1) 장자 연구의 대가인 곽상郭象은 "꺼진 재나 죽은 나무는 무정無情, 즉 자연自然에 맡기어 시비를 잊은 것이다(死灰槁木, 取其莫無情耳. 夫任自然而忘是非者)"라고 설명하고 있다.

열자는 바람을 타고 다니기를 경쾌하게 잘했다. …… 비록 걸어다니는 수고로움에
서는 벗어났으나 여전히 기대는 것이 있다.

夫列子御風而行, 冷然善也,…… 此雖免乎行, 猶有所待者也. 「소요유」

보통 사람들은 땅을 디디고 밀어내며 발자국을 남긴다. 땅에 기대어 걷는
것이다. 열자는 발자국을 남기지 않았다. 땅을 딛는 대신 바람을 타고 다녔
기 때문이다. 그런 열자조차도 절대적으로 자유롭다고 말할 순 없다. 그 역
시 무엇엔가 의지하고 있기는 마찬가지니 말이다.

(그림자의 그림자인) 망량罔兩이 (그림자인) 영影에게 말했다.

"조금 전까지 걷더니 지금은 멈췄고, 조금 전까지 앉아 있더니 지금은 일어났네. 왜
줏대 없이 이랬다저랬다 하는 거야?"

그림자 영이 말하였다.

"내가 무언가에 기대어 있어서 그런 것일까? 내가 기대고 있는 무언가도 (또 다른) 무
엇에 기대어 있어서 그렇고? 난 뱀 비늘이나 매미 날개에 기대어 있는 걸까? 그렇게 한
이유를 내가 어떻게 알겠어. 그렇게 하지 않은 이유는 또 어떻게 알고"

그림자의 그림자를 본 적 있는가? 그림자가 만든 옅은 그림자, 망량. 망량
은 자꾸 움직이는 그림자 영 때문에 피곤하다. 앉을 것 같더니 서고, 갈 것 같
더니 머물고 종잡을 수 없이 움직이는 영에게 대체 왜 그러느냐며 짜증을 낸
다. 영은 순간 깨닫는다. 망량이 자기 때문에 움직이듯 자기도 무언가에 의
해 움직이고 있는 것이 아닐까. 빛이 투과할 듯 얇은 뱀 비늘이나 매미 날개

에 어린 그림자의 그림자, 나 역시 망량이 아닐까. 나를 만든 그림자도 또 다른 무엇의 그림자일지도. 우린 모두 무엇인가의 망량일지도.

　우리는 스스로 생각하고 판단하고 행동하고 있다고 믿고 있다. 나는 나의 주인이고 내가 나의 생각과 판단과 행동을 결정할 수 있다고. 그러나 인간의 모든 판단과 행위는 무엇엔가 기대어 성립하는 대대待對의 구조를 벗어날 수 없다. 주체적이고 독립적인 개체로 존재하고 싶다는 우리의 소망은 실현 불가능한 꿈인지 모른다. 나는 누군가의 망량이다. 나는 내 어머니의 그림자고 아버지의 그림자. 중학교 도덕 선생님의 그림자고 대학 은사님의 그림자이고 그리고 장자의 그림자다. 그리고 나를 존재하게 한 이들 모두는 누군가의 그림자. 내가 나만의 생각, 나만의 취향, 나만의 감정이라고 믿었던 모든 것은 수많은 누군가의 투영이다. 정신뿐일까? 나의 감각, 나의 신경, 나의 세포, 나의 유전자 역시 온 생명의 그림자다. 나는 세상의 그림자, 세상과 나는 서로에게 기대어 있다, 나는 그렇게 존재한다.

艸

　자기 자신이 자연과 다른 사람들과는 전혀 다른 존재라는 사실을 의식함으로써 인간은 우주와 '자기' 이외의 모든 다른 사람들과 비교해서 자기의 존재가 얼마나 무의미하며 왜소한가를 느끼게 된다. 그 무엇에 소속되지 않든가, 그 생활에 아무런 의미와 방향을 갖지 못할 경우 …… 마침내는 개인적인 무의미성에 압도되는 지경에 떨어지고 만다.

- E. 프롬, 『자유로부터의 도피』

남곽자기는 책상에 기댄 채 나라고 부를 것이 없는, 내 것이라고 말할 것이 없는 본래의 상태, 무하유지향無何有之鄉에 잠시 빠져들었다. 그곳 무하유지향에서 남곽자기는 불행했을까? 에리히 프롬에 따르면 우리의 불안과 불행은 나를 잃어서가 아니라 계속해서 나를 확인하고 증명하려는 데서 시작한다. 우리의 의식은 세상과의 근원적 관계로부터 스스로를 소외시키며 '나'를 획득했다. 고립된 하나의 개체로서 '나'는 거대한 세상과 사람들의 무리를 바라본다. 그리고 어쩌다 세상에 툭 던져진 자신을 발견한다. 질식할 듯한 존재의 무의미성 앞에서 사람들은 처절하게 자신을 확인하고 증명하고자 한다. 왜소한 자신을 그럴듯하게 포장해줄 무엇, 나를 대신해 나를 설명할 무엇을 끊임없이 찾아 헤맨다. 나만의 집, 나만의 연인, 나만의 삶... 그렇게 나만의 것들을 소유함으로써 세상과 다시 관계맺기를 시도한다. 그러나 소유를 통해 형성한 관계는 모래로 만든 집처럼 쉽게 허물어진다. 나의 외피가 두껍고 화려해질수록 외로움의 심연은 깊어진다.

장자는 말한다. 너의 탯줄은 처음부터 그리고 여전히 세상과 연결되어 있다고. 다시 처음으로 돌아가면 된다고(復其初). 나라고 부를 것이 없는 무하유지향에선 그 누구도 이방인이 아니라고.

민들레 홀씨는 봄바람을 기다린다. 바람을 타고서 산책 나온 강아지 까만 콧등도 쓰다듬고 버들잎들과 춤도 추고 돌무더기 위에 잠시 쉬었다가 바람이 내려준 개울가 따뜻한 흙에 뿌리를 내릴 게다. 딸아이가 맞을 바람이 순했으면 좋겠다. 작고 여린 홀씨를 해가 잘 드는 언덕 어딘가에 고이 내려줬으면 좋겠다. 독립을 꿈꾸는 아이가 세상으로부터 환대받길 기도한다.

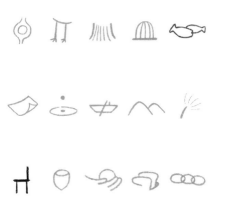

11

마음의 공간

"숲속에 들어가 나무의 자연스러운 결을 관찰하니 나무의 형상을 있는 그대로 보게 되었습니다. 그런 뒤 천연天然으로 이루어진 북틀이 머리에 떠올랐습니다. 그런 뒤 착수하였고, 그렇지 않으면 일을 그만두었습니다. 이리하여 나의 천과 나무의 천이 합하여졌습니다. 북틀이 신기처럼 만들어진 까닭은 아마 이 때문인 듯합니다."

入山林, 觀天性. 形軀至矣, 然後成見鐻, 然後加手焉. 不然則已. 則以天合天, 器之所以疑神者, 其是與.
「달생」

11

마음의 공간 空間
악출허 樂出虛

공간은 시간의 놀이터다. 시간과 공간을 정의하기란 불가능에 가깝지만 그 두 가지 불가사의가 서로에게 기대어 존재한다는 점은 분명해 보인다. 空間, (한자는 참 흥미로운 문자다. 한 글자 한 글자 새겨 읽어보면 그 의미가 그림처럼 드러난다) A와 B 사이 텅 비어 있는 곳. A로부터 B까지 그 텅 빈 공간에서 일어나는 운동을 우린 변화라 부르고 그 변화를 통해 시간의 흐름을 인식한다. 공간이 없으면 시간이 없다. 그 역도 참이다. 시공은 동시에 생겨난다.

ㅓ

전통적으로 교육은 '교육자가 교육대상을 계획에 따라 변화시키는 일'로 정의되어왔다. 마치 거푸집에 쇳물을 부어 굳히듯, 얼개에 진흙을 이겨 붙이

듯 교육의 핵심엔 교육자의 설계가 있었다. 의도와 계획이 없는 변화는 교육으로 인정되지 않았다. 근현대에 들어 교육에 대한 이 오래된 인식을 비판하며 교육을 새롭게 정의하려는 시도들이 있었다.

신은 모든 것을 선하게 창조했으나 인간의 손길이 닿으면서 모든 것은 타락했다.
…… 그들은(인간은) 무엇 하나 자연이 만든 상태 그대로 남아 있는 것을 좋아하지 않는다. 심지어는 인간에 대해서까지도. 조련된 말처럼 자신들을 위해 인간을 훈련시켜야 하며, 그들 정원의 수목들처럼 그들의 기호에 따라 인간을 만들어야 한다.

- 루소, 『에밀』

그 시도들의 공통적인 인식은 교육의 핵심이 교육자의 설계보다 교육대상의 성장에 있다는 것이었다. 도토리는 도토리나무로 자라기까지의 모든 계획을 이미 가지고 있다. 물과 토양, 햇빛 그리고 시간만 있으면 도토리는 도토리나무가 될 것이다. 마찬가지로 교육자는 아이들의 변화와 성장을 위해 필요한 환경을 제공하는 지지자로서 소극적 역할에 머물러야 한다는 이들의 주장은 새로운 교육의 흐름을 만들었다.

문제는 혼자 알아서 크는 아이가 매우, 아주 드물다는 것이다. 부모나 교사의 개입 없이 스스로 길을 발견하고 그 길을 끝까지 갈 힘이 있는 아이가 몇이나 될까? 아이가 자기 길을 끝내 발견하지 못할 수도, 겨우 찾은 길 입구에 주저앉아 버릴 수도 있는데 부모나 교사가 손을 내밀지 않을 수 있을까? 우린 아이와 함께 길을 걸을 수밖에 없다. 이때 중요한 것은 언제, 어떻게, 얼마나 관여할 것인가를 판단하는 것이다. 이런 이유에서 현대의 몇몇 교육학자들은 교육을 예술에 비유한다. 장자가 들려주는 '목수 자경의 이야기'는 교육은 예술이라는 비유가 어떤 의미인지 잘 설명해준다.

목수 자경은 '거鐻(나무로 만든 악기)'를 만드는 귀신같은 솜씨로 유명했다. 노나라 임금이 그에게 거를 만드는 특별한 기술이 있는지 묻자 그는 이렇게 대답했다.

"저는 일개 목수에 지나지 않는데 기술이랄 게 있겠습니까? 비록 그러하나 한 가지는 말씀드릴 수 있습니다. 저는 거鐻를 만들며 기氣를 소모한 적이 없습니다. (거를 만들기 전) 반드시 재계하여 마음을 고요하게 하였습니다. 사흘을 재계하니 감히 상과 작록을 얻으려는 마음이 없어졌습니다. 닷새를 재계하니 비난과 찬양, 정교함과 졸렬함에 관한 생각을 감히 갖지 않게 되었습니다. 이레를 재계하니 문득 나에게 사지와 육체가 있음을 잊어버렸습니다. 이때가 되어 조정에 관한 관념은 없어지고, 기교는 전일專一하되 마음을 어지럽힐 수 있는 일들이 사라졌습니다."

臣工人, 何術之有. 雖然, 有一焉. 臣將爲鐻, 未嘗敢以耗氣也, 必齊以靜心. 齊三日, 而不敢懷慶賞爵祿. 齊五日, 不敢懷非譽巧拙. 齊七日, 輒然忘吾有四枝形體也. 當是時也, 無公朝, 其巧專而外骨消. 然後入山林, 觀天性. 形軀至矣, 然後成見鐻, 然後加手焉, 不然則已. 則以天合天, 器之所以疑神者, 其是與. 「달생」

보통의 목수라면 자신의 설계에 따라 나무를 깎아 '거'를 만들 것이다. 보통의 목수가 만든 '거'는 수많은 보통의 '거' 가운데 하나가 된다. 초보 목수가 자기 설계에만 충실해 나무의 결까지 무시하는 경우라면, 기운이 바닥나도록 깎고 다듬어도 그것은 보통의 '거'조차 될 수 없을 것이다. 목수 자경은 머릿속에 '거'의 형상을 미리 그리지 않았다. 그것을 통해 미래에 얻을 수 있는 것들에 대한 생각도 지웠다.

'조정이 하사하는 상과 작록(지위)을 얻으려면 어떤 모양이어야 할까?'

'이렇게 만들면 사람들이 나의 신기에 가까운 기술을 칭송하겠지?'

'이렇게 만들면 사람들이 실망하고 심지어 비난할지도 몰라.'

'예전에 깎았던 나무랑 비슷하네. 그렇다면 이 나무로는 이런 모양을 만들 수 있겠군.'

단 한 그루의 나무도 같은 나무가 없는데 보통 목수의 머릿속에는 자신의 욕망과 경험이 그린 몇 가지의 도안이 있을 뿐이다. 도안을 염두에 두고 나무를 보는 것은 좁은 창을 통해 나무를 보는 것과 같다. 그의 눈엔 나무의 높이도 깊이도 보이지 않는다. 그 나무가 거쳐 온 시간도, 그 나무가 자리한 공간도 보이지 않는다. 나무는 전체로 존재하는데 목수는 오직 부분의 유용성만을 확인할 뿐이다.

> *"그런 뒤 숲속에 들어가 나무의 자연스러운 결을 관찰하니 나무의 형상을 있는 그대로 보게 되었습니다. 그런 뒤 거가 머리에 떠올랐습니다. 그런 뒤 착수하였고, 그렇지 않으면 일을 그만두었습니다. 그렇게 (저의) 천天과 (나무의) 천天이 합해졌습니다. 악기가 신기神器처럼 보인 까닭은 아마 이 때문인 듯합니다."*

자경만의 특별한 기술은 자신의 욕망과 과거의 경험이 그린 도안을 잠시 접어둘 수 있는 기예技藝였다. 그는 나무와 자기 사이에 텅 빈 '공간'을 만들어 있는 그대로 나무의 천天性을 읽어 낸다. 유일무이한 그의 존재를 파악하고 수용한다. 마음에 오직 그 나무만을 위한 천연의 거가 떠올랐을 때 깎기 시작하고, 불현듯 자신의 욕망과 경험이 비집고 들어오면 깎기를 멈췄다. 때론 결을 거슬러 다듬어야 할 부분도 있었을 게다. 그럴 땐 숨을 죽이고 잘 연마된 날로 조심스럽게 시간을 낭비했을 게다. 예술이다.

교육은 예술이다. 교육은 자경이 나무를 깎듯 긴장감을 갖고 대상에 집중하는 것이다. 텅 빈 마음虛心으로 오롯이 아이의 전체를 환대하는 것이다. 나의 도안이 아니라 아이의 전체가 그리는 도안을 따라 조심스럽게 길을 안내하는 것이다.

ㅐ

「달생達生」편, 자경의 이야기 바로 앞에는 '여량呂梁의 남자 일화'가 실려 있다. 이야기는 이렇게 시작한다. 어느 날 공자가 제자들을 이끌고 여량이라는 곳을 여행하던 중, 물고기와 자라도 헤어나오지 못할 급류에 휩쓸린 남자를 발견한다. 그를 구해주기 위해 물길을 따라 내려가 보니 남자는 어느새 물 밖으로 나와 둑 밑에서 쉬고 있었다. 그 모습을 보고 깜짝 놀란 공자가 묻는다.

"그 험한 물살을 땅을 밟듯 헤엄치는 비법이 있는가?"

남자는 태연히 대답한다.

"없습니다. 저에게는 비법이 없습니다. 고故에서 시작해, 성性에서 길러졌고, 명命

에서 완성되었습니다. 물살 중심과 함께 들어가, 솟구치는 물결과 함께 나와서, 물길을 따랐을 뿐 사사로이 무엇을 하지 않았습니다. 이것이 제가 땅을 밟듯이 헤엄칠 수 있는 까닭입니다."

공자가 말했다.

"고故에서 시작되고, 성性에서 길러지고, 명命에서 완성된다는 말이 무슨 뜻인가?"

"제가 능수에서 태어나 능수에서 편안함을 느끼는 것, 이것이 고故입니다. 물에서 성장해 물에서 편안함을 느끼는 것은 성性이며, 그러한 까닭을 모르면서 그러한 것은 명命입니다."

亡, 吾無道. 吾始乎故, 長乎性, 成乎命. 與齊俱入, 與汨偕出, 從水之道而不爲私焉. 此吾所以蹈之也. 孔子曰, 何謂始乎故, 長乎性, 成乎命? 曰, 吾生於陵而安於陵, 故也. 長於水而安於水, 性也. 不知吾所以然而然, 命也.「달생」

남자는 자신이 물에서 자유롭게 헤엄칠 수 있는 이유를 "고故에서 시작하여, 성性에서 키우고, 명命에서 이룬 것(始乎故, 長乎性, 成乎命)"이라 설명한다. 여기에서 '고故'는 나의 의지와 상관없이 주어진 환경에 의해 만들어진 것을 뜻한다. 남자가 태어난 능수는 아마도 물이 많은 계곡 주변이었던 듯싶다. 시작은 주어진 환경이다. 다음으로 물에서 놀던 습관이 '성性'이 되었다고 말한다.[1] 성性은 습성, 성품, 기질, 특성 등 우리에게 익숙한 의미로 바꾸어 이해해도 좋을 것 같다. 환경과 습성은 남자가 뭍을 걷듯 물을 두려워하지 않도록, 물속에서 편안함을 느끼게 만들었다. 그리고 마침내 남자는 이유를 알 필요가 없이 그냥 물살에 몸을 맡기는 '명命'에 이른다.

---

1) 이 해석은『장자』주석 가운데 성현영의 소疏(해설)를 따랐다.
"我初始生於陵陸, 遂與陵爲故舊也. 長大游於水中, 習而成性也. 旣習水成性, 心無懼憚, 恣情放任, 遂同自然天命也."

운전 초보 시절이 생각난다. 손, 발, 시선 따로따로 움직이며 머릿속으론 이런저런 계산까지 하느라 십오 분 운전으로도 녹초가 됐던 그때. 지금은 시동을 걸고 나면 기어를 어떻게 조작해야 하는지, 브레이크와 엑셀이 어디에 있는지, 커브길에 핸들을 얼마나 꺾어야 하는지 생각하지 않는다. 그냥 운전을 한다. 분명 내가 운전을 했지만 차가 나를 데려다준 것 같은 기분이 든다. 내가 헤엄치는 것은 맞지만 그저 물살과 물길을 따르듯 편안하다면 수영은 내 운명인 거다. 운명은 고故에서 시작됐고 성性에서 자랐다. 과거의 결과인 것은 분명하지만 여전히 완료되지 않은 '현재완료진행형'이다. 공자는 오십에 '운명을 알았다知天命'고 했다. 그것은 '드디어 내가 세상에 존재하는 의미를 깨달았다'는 거창한 뜻이라기보다는 자신이 꾸준히 해오던 무엇인가에 '능숙하고 편안해졌다'는 소박한 표현일지도 모른다. 환경과 습관 그리고 오랜 시간이 나의 명命을 만든다. 지금 이 순간에도 나는 내 운명을 만들고 있다.

부모가 마음에 공간을 마련하고 아이의 존재 전체를 환대하는 것은 아이가 자신의 운명을 찾을 수 있도록 돕기 위해서다. 여러 갈래 길 앞에서 주저할 때나 미혹에 휩싸여 길을 잃었을 때 '잠시' 함께 걸어주기 위해서다. 아이가 지치지 않고 두려움 없이 자유롭게 세상을 탐험하길 바라는가? 그 탐험의 끝에 여량의 남자처럼 이유가 필요 없는 운명의 길을 만나길 바라는가? 그렇다면 고故와 성性, 명命의 단계를 기억하자. 이 가운데 부모가 도울 수 있는 부분은 고와 성, 다시 말해 환경과 습관이다.

A와 B 사이間 텅 빈 공간空은 마음에만 필요한 것은 아니다. 시간과 공간이 동시에 생겨나듯이 유有와 무無는 서로에게 기대어 생겨난다(有無相生). 지금 나는 의자 등받이에 기대앉아 있다. 부드러운 곡선의 팔걸이와 적당히 단단한 좌판이 있는 의자다. 등받이와 팔걸이와 좌판은 공간을 만든다. 의자의 기능은 이 공간이 결정한다. 시선을 넓혀 내가 글을 쓰고 있는 서재를 둘러본다. 내 서재는 거실 한쪽에 유리 칸막이를 쳐서 만들었다. 유리 한 장으로 한쪽은 거실이 되고 한쪽은 서재가 되었다. 이 유리벽이 없었다면 공간도 없었을 거다. 유가 없으면 무가 없다. 벽이나 가구는 궁극적으로는 공간을 만들기 위해 필요하다.

서른 개의 바퀴살이 한 개의 바퀴통에 모이는데, 바로 그 무無가 수레의 작용을 있게 한 것이다. 흙을 빚어 그릇을 만드는데, 바로 그 무無가 그릇의 작용을 있게 한 것이다. 문과 창을 뚫어 방을 만드는데, 바로 그 무無가 방의 작용을 있게 한 것이다. 그러므로 유有의 이로움이라 하는 것은 무無의 작용이라 할 수 있다.

三十輻共一轂, 當其無, 有車之用. 埏埴以爲器, 當其無, 有器之用. 鑿戶牖以爲室, 當其無, 有室之用. 故有之以爲利, 無之以爲用.『도덕경』, 11장

나무로 만든 둥근 수레바퀴가 부서지지 않고 구르려면, 같은 길이의 바퀴살이 사방을 동시에 지지해야 한다. 수레바퀴의 가운데엔 도넛처럼 둥그렇고 텅 빈 바퀴통이 있어서 바퀴살이 받는 압력을 분산시켜 준다. 그릇 가운데, 방 가운데에도 텅 빈 공간이 있다. 노자는 우리가 누리는 '유의 편리는 무의 작용'이라고 말한다. 장자는 이러한 유무상생의 원리를 '악출허樂出虛, 음

악은 빈 곳에서 나온다'고 표현했다.[2]

북과 피리, 자경의 거는 비어있기에 음악을 만들 수 있었다. 우리 아이들의 '고故'와 '성性'은 부모 마음의 공간뿐만 아니라 그들이 태어나고 자란 실제 공간에 의해 결정된다. 가죽이 만든 원통형의 공간은 둥둥 소리를 내고, 대나무가 만든 길고 좁은 공간은 휘휘 소리를 내듯, 공간은 아이들의 소리를 만든다. 아이의 기질과 습관을 바꾸고 싶다면 아이들이 생활하는 공간을 바꿔주는 것이 직접적인 훈육보다 효과적이다. 예를 들어 너무 소심한 아이에게 더 적극적으로 말하고 행동하라고 가르치는 것보다는, 쾌활한 친구들을 조용히 관찰할 수 있는 놀이터가 아이를 변화시킬 수 있다(집에 돌아오면 편안하게 혼자 있을 자기만의 공간도 필요하다). 산만한 아이에게 가만히 있으라고 다그치는 것보다는, 낮은 칸막이로 공간을 분리하고 각각의 공간에서 집중해야 할 과업을 지정해주는 것이 효과적이다(집중해야 할 과제 외의 다른 물건은 눈에 보이지 않는 정돈된 공간이면 더 좋다).

---

2) "너는 사람의 피리 소리人籟는 들어보았을 터이나 아직 대지의 피리 소리地籟는 들어보지 못했을 것이다. ...... 대지가 내쉬는 숨을 바람이라고 부른다. 바람이 불면 온갖 구멍들이 소리를 내지. ...... 높은 산봉우리에 있는 백 아름은 될 듯한 나무의, 코 같고 입 같고 귀 같고 병 같고 그릇 같고 절구 같고 웅덩이 같은 갖가지 구멍들에 바람이 지나가면, 급류가 지나는 듯, 화살이 나는 듯, 둥글이 울리는 듯, 슬픔에 탄식하는 듯 여러 소리가 난다. 산들바람에는 작게 화답하고 거센 바람에는 크게 화답하며 바람이 멎으면 모든 구멍들이 잠잠해진다. 너는 바람이 멎고, 흔들리던 이파리와 열매들이 조용히 아래로 드리워지는 것을 보지 못하였더냐?"

女聞人籟而未聞地籟, ... 夫大塊噫氣, 其名爲風. 是唯无作, 作則萬竅怒呺. ...... 山林之佳, 大木百圍之竅穴, 似鼻, 似口, 似耳, 似枅, 似圈, 似臼, 似洼者, 似汚者. 激者, 謞者, 叱者, 吸者, 叫者, 譹者, 宎者, 咬者, 前者唱于而隨者唱喁. 冷風則小和, 飄風則大和, 厲風濟則衆竅爲虛. 而獨不見之調調之刁刁乎.「제물론」.

여기에서 '사람의 피리 소리人籟'는 대나무로 만든 생황과 같은 목관악기를 가리킨다. 대나무에 일정한 구멍을 뚫고 숨을 불어넣어 만드는 소리가 사람의 피리 소리다. 생황으로 아름다운 연주를 하려면 구멍의 위치는 정확해야 하고, 숨은 잘 조절되어야 한다. 대지의 피리 소리地籟는 바람이 여러 사물의 빈 공간을 울려 나는 자연의 소리다. 좁고 깊은 계곡에 부는 바람 소리가 다르고, 넓은 사막에 부는 바람 소리가 다르며, 가느다란 풀줄기 구멍으로 울리는 소리가 다르고, 굵다란 고목의 구멍으로 울리는 소리가 다르다. 빈 공간의 생김에 따라, 그것을 채우고 흐르는 바람의 세기에 따라 각기 다른 소리와 울림이 만들어진다.

이리하여 나의 천과 나무의 천이 합하여졌습니다. 북틀이 신기처럼 만들어진 까닭은 아마 이 때문인 듯합니다.

시간과 공간은 씨줄과 날줄처럼 서로에게 기대어 존재한다. 교육은 아이의 시간이 뛰놀 공간을 마련하는 일에서 시작된다. 교육이 변화를 지지하는 일이라고 한다면, 교육의 공간은 변화의 방향을 결정하는 핵심 요소 가운데 하나다. 어떤 공간이 학습을 촉진시키는지에 대한 정보는 이미 널리 알려져 있다. 그러나 부모에게 필요한 것은 그런 종류의 상식만은 아니다. 아이의 시간이 배제된 공간은 부모의 자기만족 외에 어떤 성과도 이루지 못할 것이다. 부모의 계획과 설계로 채워진 공간에서 아이의 자기창조적인 성장을 기대할 수 없다. 부모 마음의 빈 공간은 아이의 마음을 공명한다. 현실의 빈 공간은 아이의 시간을 만든다. 비어있음은 상상 이상의 능력을 지녔다. 교육은 공간의 예술이다.

12

일곱 개의 상수리

저공(원숭이 기르는 사람)이 상수리를 나누어 주며 말했다.

"아침에 세 개, 저녁에 네 개를 주겠다."

그러자 원숭이들이 모두 화를 냈다.

"그렇다면 아침에 네 개 저녁에 세 개를 주마."

그러자 원숭이들이 모두 기뻐했다.

이름名과 실질實에 차이가 없는데 노여움과 기쁨이 일어난 것은, 가까운 쪽이 옳다고 생각하기 때문이다. 이 때문에 성인은 옳고 그름是非을 어우러지게 하고 천균天鈞에서 쉰다. 이를 양행兩行이라고 한다.

狙公賦芧, 曰, 朝三而暮四, 衆狙皆怒 曰, 然則朝四而暮三, 衆狙皆悅. 名實未虧而喜怒爲用, 亦因是也. 是以聖人和之以是非而休乎天鈞, 是之謂兩行. 「제물론」

12

일곱 개의 상수리
휴호천균 休乎天鈞

나는 대학 시간강사다. 학교나 학회에서 동료들을 만나면 우리는 서로를 '선생님'이라 부른다. 학생들이 나를 '교수님'이라고 부를 때면, 맞지 않은 옷을 입은 듯 어색하다.

인류는 협력을 통해 생존을 넘어 번영을 이루어왔다. 협력의 가장 효율적인 방식은 역할 분담이다. 무리의 구성원들이 특성과 장기에 따라 일을 나누어 맡고, 맡은 일을 성실히 수행하면 집단은 최선의 결과를 얻게 된다. 역할 분담이 고정되면서 역할마다 이름(호칭)이 붙여졌다. 공동작업을 하는 경우에는 역할이 기여하는 정도에 따라 지위가 생겨난다. 지위에도 이름이 붙는다. 이제 사람들은 그 이름을 욕망하고, 그 이름을 두고 경쟁한다.

이름이라는 것은 실질의 손님이다.

名者, 實之賓也. 「소요유」

이름은 맡은 일과 그 일의 기여도를 일컫는 말이다. 그러니 어떤 이름을 욕망할 때에는 그 일이 나에게 맞는지, 내가 그 일을 함으로써 어디에 무엇을 얼마나 기여할 수 있는지 생각해야 한다. 그것이 원래 이름이 갖는 실질이다. 그러나 많은 이들이 실질보다는 이름 자체를 욕망하고 추구한다.

그것은 사회조직의 분배 시스템이 정교하지 못해서 일어나는 일이다. 우리 사회는 일의 가치가 아닌 이름의 가치에 따라 공동생산의 이익을 분배하고 있다. 의사, 변호사, 교원, 공무원 등 국가 공인 시험을 통해 얻는 지위들은 물론, 자본의 논리로 운영되는 기업의 '정규직'들조차 큰 결격 사유가 없는 한 이름에 매겨진 몫을 안정적으로 배분받는다. 그러니 철저히 분업화된 사회에서 경제적으로 안정된 삶을 희망하는 사람이라면 실질이 아니라 이름을 좇을 수밖에 없는 것이다.

나는 '학생들과 함께 배우고 가르친다'는 점에서 시간강사와 전임교수의 일은 다르지 않다고 생각했다. 동시에, 전임교수는 연구 업적을 쌓고 학교 운영에 참여함으로써 소속된 학교에 훨씬 더 많은 기여를 하므로 전임교수가 시간강사와 다른 대우를 받는 것이 당연하다고 여겼다. '교수님'이라는 이름은 일과 기여도가 다른 전임교수의 것이고, 시간강사인 나에겐 '선생님'이라는 이름이 몸에 맞는 옷 같았다. 그렇게 이십 년을 내게 주어진 일과 감당해야 할 기여의 수준, 그리고 주어지는 급여에 만족하며 보냈다.

뱁새가 깊은 숲에서 보금자리를 구할 때 나뭇가지 하나면 충분하고, 두더지가 강에서 물을 마실 때 배를 채우는 것으로 충분하다.

鷦鷯巢於深林 不過一枝, 偃鼠飲河 不過滿腹. 「소요유」

나뭇가지 하나, 한 모금의 물이면 충분하다고, 이름을 구하기보단 실질이 무엇인지 생각하며 살자고 되뇌며 살아왔던 내 삶에 작은 균열이 시작되었다. 몇 년 전 지방대학의 시간강사가 생활고로 자살하며 시간강사법이라는 것이 만들어졌다. 최소한의 생계를 유지할 수 있도록 시간강사들의 처우를 개선해야 한다는 취지에서 만들어진, 정말 좋은 법이다. 하지만 이 좋은 법은 많은 시간강사들의 일자리를 없애고 경쟁을 심화시켰다. 재정적으로 여유로운 대학이 아니라면 비용 부담이 커진 시간강사 자리를 줄일 수밖에 없었기 때문이다.

시간강사법은 나에게 교수라는 이름이 그가 하는 일이 아니라, 안전하고 굳건한 자격과 지위를 가리키는 이름이라는 사실을 깨닫게 해주었다. '무엇이 되겠다는 꿈보다 무엇을 하겠다는 꿈을 꾸라', 마음에 품고 살았던 이 우아한 격언에 처음으로 묘한 배신감이 느껴졌다(사람들이 이름을 목표로 치열하게 노력한 데는 다 이유가 있었던 거다).

나는 언제 벗게 될지 모르는 불안정한 이름을 입고 산다. 그런데 그 이름엔 숨은 매력이 하나 있다. 누군가 혹은 어떤 사건이 갑작스럽게 그 이름을 거두어 가도 여전히 '내'가 남아 있다는 것. 그건 스스로를 의사나 변호사, 교수라고 명확히 의식하는 사람들보다 '나'의 정체에서 '이름'이 차지하는 영역이 뚜렷하지도, 크지도 않기 때문이다. 예를 들어 '나'를 나무라고 한다면 '그 모호한 이름'은 나무의 몸통이 아니라 큰 가지 정도인 거다. 큰 가지가 잘리면 조금 볼품없어지겠지만, 여전히 다른 가지 푸릇한 이파리에는 물이 돌 것이다.

이름이 내가 된다는 것은 나뭇가지가 뱁새가 되고 한 모금 물이 두더지가 되는 셈일 터, 난 스스로를 다독이며 속삭인다. '얼마나 다행이냐, 네가 잃을 것이 고작 이름인 것이... 아직 네가 너인 것이.'

┌┤

저공(원숭이 기르는 사람)이 상수리를 나누어 주며 "아침에 세 개, 저녁에 네 개를 주 겠다"고 하자 원숭이들이 모두 화를 냈다. "그럼 아침에 네 개 저녁에 세 개를 주겠다" 고 하자 원숭이들이 모두 기뻐했다. 명名과 실實에 차이가 없는데 노여움과 기쁨이 일 어난 것은 가까운 쪽이 옳다고 생각하기 때문이다.

『장자』의 이 구절은 '조삼모사朝三暮四'라는 고사성어를 낳았다. '조삼모 사'는 보통 눈앞의 이익을 좇는 어리석은 사람들의 행태를 표현할 때 쓰인 다. 그러나 이 이야기를 통해 장자가 가리키고 있는 것은 원숭이의 어리석음 이 아니라 원숭이를 기르는 저공狙公의 유연함이다.

저공은 원숭이를 기르는 사람이다. 그의 목표는 원숭이들이 건강하게 자 라도록 하는 것이다. 그는 원숭이들에게 하루 일곱 개의 상수리를 먹이기로 했다. 저공이 원숭이들에게 아침에 세 개, 저녁에 네 개의 상수리를 주겠다 고 하자 원숭이들의 불만이 터져 나왔다. 저공이 만약 권위적인 사람이었다 면 '원숭이 따위가 감히'라는 생각에 화가 나서 세 개를 먹든 굶든 선택하라 며 윽박질렀을 것이다. 그가 만약 정치적인 사람이었다면 원숭이를 회유하고 설득하는 작업에 들어갔을 것이다. 그가 만약 유약한 사람이었다면 아침에 넷, 저녁에도 넷을 주겠노라 한 발 물러났을 것이다. 그런데 이야기 속 저공은 원숭이들이 화를 냈을 때 그저 싱긋 웃으며 아침에 넷, 저녁에 셋을 주겠다고 했다. 그는 아침에 셋, 저녁에 넷이나 아침에 넷, 저녁에 셋이 실질에 있어서 아무런 차이가 없음을 알고 있었기 때문이다. 그의 목표는 원숭이를 먹이는 것이지 자신의 뜻을 관철시키는 데 있지 않았다.

사람들은 저마다 가치 있다고 믿는 것을 좇으며 산다. 무엇이 가치 있다는 믿음을 우린 '신념'이라 부른다. 신념은 때로 종교가 된다. 어느 순간부터 믿어야 할 이유나 근거를 묻지 않게 되고, 의심하는 것은 죄가 되고, 믿음에 도전하는 사람은 적이 된다. 저공은 처음 '원숭이들에게 아침에 세 개, 저녁에 네 개를 줘야겠다'고 결심했다. 하지만 그 결심은 신념도, 종교도 아니었다. 다른 타당한 이유가 나타난다면 언제든 바꿀 수 있는 판단이었을 뿐이다. 믿음이 아닌 판단은 이유를 먼저 묻고, 스스로를 의심하며, 자신과 다른 판단에 감정적으로 대응하지 않는다.

하지만 만약 저공에게 원숭이들에게 상수리를 주지 말라고 한다든지 백 개의 상수리를 한 번에 주라고 한다면 저공은 결코 그 의견을 수용하지 않을 것이다. 저공에게도 지켜야 할 원칙은 있다. 하루 일곱 개의 상수리, 저공의 유연함은 원칙의 부재에서 나온 것이 아니다.

인간의 인식 혹은 인지 능력을 고려할 때 절대적으로 옳은 가치나 의견은 있을 수 없다. 모든 가치나 견해는 상대적일 수밖에 없는 것이다. 이런 상대주의적 가치관을 가졌다 하더라도 지금 여기에서 우리는 판단하고 선택하고 행동해야 한다. 그러려면 (자기 주장의 한계를 분명히 인지한다는 전제 안에서) 자신만의 판단과 선택과 행위의 원칙이 필요하다. 원칙이 없는 상대주의는, 편견투성이의 절대주의가 횡행할 수 있는 판을 깔아준다. 상대주의자들은 유연한 원칙주의자가 되어야 한다.

十

세상의 모든 것은 '저것' 아닌 것이 없고 '이것' 아닌 것도 없다. 스스로 자기를 '저것'이라 여긴다면 알 수 없고, 스스로 자기를 '이것'이라 여긴 후에야 알 수 있다. …… '그래서 옳다'가 '그래서 그르게' 되고 '그래서 그르다'가 '그래서 옳게' 된다. 이 때문에 성인은 무엇에 말미암지 않고, 하늘(자연)에 비추어보는데 이 또한 '그래서 옳은 因是'것이다.

物无非彼, 物无非是. 自彼則不見, 自是則知之. …… 因是因非, 因非因是. 是以聖人不由, 而照之於天, 亦因是也. 「제물론」

'역지사지易地思之'라는 말이 있다. 역지사지는 스스로 자기를 '저것'이라 여겨보는 것이다. 장자는 자기를 처음부터 '저것'이라 여기는 것은 불가능하다고 보았다. 세상은 나, 이것, 여기의 관점에서 바라보고 이해할 수밖에 없다. 너, 저것, 저기는 닿을 수 없는 섬이다. 내가 어떤 일을 너 혹은 그의 입장에서 바라보았다고 말한다면 그건 스스로를 속이고 있는 것이다. 우리는 다만 다음 한 가지를 기억할 수 있을 뿐이다. 지금 '그래서 옳다'고 주장하는 것이 언제 '그래서 그르다'로 바뀔지 모른다는 것. 홍상수 영화처럼 그때는 맞고 지금은 틀릴 수 있다는 것.

이 이야기의 반전은 마지막에 있다. 성인聖人들은 언제 바뀔지 모르는 '이것'과 '저것'이 아닌 하늘(자연)의 관점에서 세상을 바라본다照之於天. 그러나 장자가 보기에 성인들이 선택한 하늘의 관점 역시 또 다른 하나의 '그래서 옳다因是'일 뿐이다. 성인들이 기준으로 삼은 하늘의 관점은 저공의 상수리 일곱 개와 같다. 상수리 일곱 개의 원칙이 있었기에 저공은 화난 원숭이들 앞에서 평온할 수 있었고, 하늘의 관점으로 바라보았기에 성인은 세상을 품을 수 있었다. 중심이 없는 상대주의는 축이 없는 회전문처럼 결국 어느 한 쪽으로 넘어질 수밖에 없다.

ᅥ

성인들이 이해하고 판단하고 행동할 때 기준으로 삼았던 하늘의 관점이란 어떤 것일까?

그 나누어짐은 이루어짐이요, 그 이루어짐은 무너짐이다. 무릇 사물들은 성成과 훼毀라고 할 것이 없으니 다시 통하여 하나가 된다. 오직 통달한 사람이라야 통하여 하나가 되는 것을 안다.

其分也, 成也. 其成也, 毁也. 凡物無成與毁, 復通爲一. 唯達者知通爲一. 「제물론」

사람들은 보통 자신의 눈높이에서 보이는 것만 보거나 보고 싶은 것만을 본다. 우리 시선은 나뉘고 이루어지고 무너지는 현상만을 포착한다. 그러나 한발 뒤로 물러서 전체를 관조하면 이루어짐成과 무너짐毁은 연기緣起의 고리 안에서 끊임없이 순환함을 알 수 있다. 나의 은사님이신 이강수 교수님은 한 강연에서 이렇게 말씀하셨다. "햇빛으로 보조普照하면 일체一切가 여여如如하다."[1] 햇빛은 등불과 다르다. 등불은 내가 보고자 하는 곳만을 비추지만, 햇빛에는 그러한 자기중심성이 없다. 햇빛은 어둠에 잠겨 있던 세계 전체를 드러나게 한다. 우리에게는 햇빛처럼 전체를 보는 안목이 필요하다.

저것과 이것이 있는가? 아니면 없는가? 저것과 이것이 그 짝을 얻지 못하는 것을 도추道樞라 한다. 추樞가 그 환중環中을 얻기 시작하면 끝없이 응하게 된다.

是亦彼也, 彼亦是也. 彼亦一是一非, 此亦一是一非. 果且有彼是乎哉?果且無彼是乎哉? 彼是莫得其偶, 謂之道樞. 樞始得其環中, 以應無窮.「제물론」

다르다는 면에서 보면 간과 쓸개가 초나라와 월나라처럼 멀고, 같다는 면에서 보면 만물이 다 한 몸이다.

自其異者視之, 肝膽楚越也. 自其同者視之, 萬物皆一也.「덕충부」

장자의 상대주의엔 축이 있다. 그는 그 축을 '도추道樞'라 부른다. '추樞'는

1) 이강수(2012). "노장사상의 현대사회에서의 의의". 석학과 함께하는 인문강좌 발표문. 한국연구재단.

문의 지도리²⁾라는 뜻이다. 문이 안쪽, 바깥쪽으로 부드럽게 움직이기 위해서는 지도리가 튼튼하게 고정되어 있어야 한다. 지도리가 부실하면 문은 어느 한쪽으로 넘어져 버리거나 여닫을 수 없게 된다. '도추'는 '도道로써 지도리를 삼음'을 뜻한다. 반성 없는 신념과 믿음으로 지도리를 삼는 사람들은 현상을 성훼成毁의 이분법으로 재단한다. 그러나 도의 시선에서 바라보면 우리가 보는 현상은 변화의 국면들일 뿐, 각각의 사물과 사태가 한 가닥으로 짜인 그물처럼 이어져 있음을, 뫼비우스의 띠처럼 순환하고 있음을 이해하게 된다. 장자는 그러한 정신 경계를 '도의 지도리가 둥근 고리 가운데(환중環中) 있다'고 표현했다. 그리고 환중을 얻어야 비로소 지혜롭게 세상에 응할 수 있다.

이 때문에 성인은 시비是非를 조화롭게 하여 천균天鈞에서 쉰다. 이를 일러 양행兩行이라고 한다.

'천균天鈞'은 도의 프리즘으로 본 세상의 모습이다. 갖가지 현상 뒤의 균일한 실질을 이해한 이에게 찾아오는 평화, 저공 이야기를 통해 장자가 전하고 싶었던 것은 '쉼'이다. 지금까지 아이를 키우며 내렸던 내 선택들의 지도리는 아이의 행복이었다. 아이가 자신이 원하는 대학에 입학하겠다고, 자신이 원하는 회사에 들어가겠다고 열심히 노력할 때 난 진심으로 아이의 노력을 응원했다. 어떤 '이름'을 갖는 것이 행복의 현실적 조건이라면 그 치열한 여정

---

2) '지도리'는 여닫이문을 만들 때 문짝과 문설주에 구멍을 내고 끼우는 축으로 문쩌귀 축이라고도 한다.

을 회피할 이유는 없다. 아이가 그렇게 바라던 회사에서 일한 지 일 년 만에 그만두고 다른 길을 찾겠다고 했을 때도 난 진심으로 아이의 도전을 응원했다.

인생에서 행복감이나 만족감을 느끼는 조건과 방법은 여러 가지가 있다. 행복감이나 만족감은 결핍이 채워졌을 때 느낀다. 똑같은 결핍에도 그것을 느끼는 민감도나 그것을 채우고자 하는 욕망의 정도는 사람마다, 조건마다 다르다. 한 끼만 먹어도 종일 배고픔을 안 느끼는 사람이 있고, 그럴 때가 있다. 세 끼를 다 먹어도 여전히 배가 고픈 사람이 있고, 그럴 때가 있다. 망아지처럼 에너지가 넘치는 딸아이는 아무리 먹어도 배가 고픈 시절을 보내고 있다. 이름을 꿈꾸고 도전하고 성취하면서 만족감을 느낄 때. 난 아이에게 욕망을 덜어 놓으라고, 그러다 지쳐 쓰러진다고 말하지 않는다. 실패를 두려워하면서도 도전하는 용기를 경이롭게 바라보고 있을 뿐이다.

언젠가 아이는 지친 모습으로 돌아와 엄마처럼 작고 소소한 행복에 만족하며 살겠다고 선언할지도 모른다. 그 때도 난 진심으로 응원할거다, 그것이 아이가 찾은 행복이라면. 다행히 나의 회전문은 아직까지 평화롭게 여닫히고 있다.

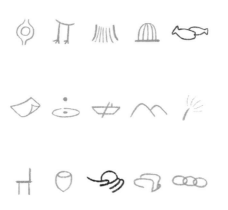

13

함께 있고 싶은 사람

"제가 초나라에 사신으로 간 적이 있는데 마침 새끼 돼지들이 죽은 어미의 젖을 먹는 것을 보았습니다. 얼마 후 새끼 돼지들은 깜짝 놀란 듯 모두 그 어미를 버리고 달아났습니다. 죽은 어미에게서 자기를 볼 수 없으니, 어미와 자신이 더 이상 같은 무리라 생각지 않은 것입니다. 새끼가 어미를 사랑한 것은 그 외형을 사랑한 것이 아니라 그 외형을 있게 한 것을 사랑한 것입니다. …… 이제 애태타는 말하지 않고서도 신임을 받고, 공이 없어도 가까워집니다. 이는 반드시 재才가 온전하고 덕德이 드러나지 않는 사람일 것입니다."

丘也嘗使於楚矣, 適見▨子食於其死母者, 少焉眴若皆棄之而走. 不見己焉爾, 不得類焉爾. 所愛其母者, 非愛其形也, 愛使其形者也. 哀駘它未言而信, 無功而親, …… 是必才全而德不形者也. 「덕충부」

13

함께 있고 싶은 사람
재덕 才德

떠들썩했던 늦여름 밤, 거칠 것 없이 당당한 친구가 말했다.

"누군가로 인해 근원적인 변화를 겪었다면, 생각해봐, 분명히 점막과 점막의 접촉이 있었을 거야."

점막과 점막의 접촉이라는 아카데믹한 어휘에 담긴 야설의 기운이라니, 친구들은 모두 웃음을 터뜨렸다. 웃음 속에 가볍게 흩어져버린 줄 알았던 그의 말이 문득 다시 떠오른다. '내 평생 영혼을 흔드는 그런 근원적인 변화를 몇 번이나 겪었더라? 그 변화의 원인을 제공했던 사람과 난 어떤 사이였지?'

미국의 교육철학자 존 듀이John Dewey는 인간의 영혼에 '사물의 가치에 대한 감수성appreciation' 혹은 '경험으로부터 의미를 추출해내는 능력'이 있다고 했다.[1] 그렇다면 듀이에게 영혼이 뿌리째 흔들리는 경험이란, 사물이나

---

[1] "만약 학교 교육을 받는 과정에서 학생이 자기 자신의 영혼을 잃게 된다면, 즉 가치 있는 사물들과 그러한 사물들에 결부되어 있는 가치들을 음미하는 능력을 상실하게 된다면, …… 장차 생겨날 미래의 경험으로부터 의미를 끌어내는 능력을 상실하게 된다면, 지리나 역사 과목에 대하여 미리 처방되어 있는 양만큼의 정보를 얻는다거나 읽고 쓰는 능력을 얻는 것이 무슨 소용이 있겠는가?" - John Dewey, John Dewey Experience & Education, NY: Collier Books, 1963. 49쪽.

사태의 가치와 의미를 이전과 전혀 다른 방식으로 이해하고 수용하게 된 국면을 뜻하게 된다. 마치 앨리스가 작은 문을 열고 이상한 나라에 들어간 것처럼 말이다. 물론 이상한 나라처럼 전혀 다른 세계에 살게 된 것은 아니다. 듀이의 말을 그대로 옮기면 "이전과 동일한 하나의 세계를, 다만 이전과는 다른 부분에서 또는 이전과는 다른 시각에서 살게 된 것"[2]이다.

영혼의 근원적인 변화를 가져오는 가장 대표적인 경험은 아마도 사랑일 것이다. 존 레논이 'Oh My Love'에서 노래하듯 사랑에 빠진 눈엔 보이지 않던 나무가, 구름이, 바람이 보인다. 사랑에 빠진 마음은 겪어보지 못한 슬픔을, 꿈을, 삶을 느낀다.[3] 친구의 말이 맞다. 내가 살고 바라보는 세상을 변화시킨 주역은 사랑이다. 『장자』「덕충부」편에는 이런 사랑 이야기가 나온다.

어느날 노나라 애공이 공자에게 물었다.

"위나라에 '애태타'라는 추남이 있는데, 그와 함께 지낸 사내들은 그를 사모하여 떠나질 못하고, 그를 만난 여인들은 부모에게 '다른 이의 처가 되느니 차라리 저분의 첩이 되겠다'고 간청한다 하오. 그가 군주의 지위에 있어 사람들을 죽음에서 구제한 일도 없고, 모아둔 곡식이 있어 사람들의 배를 채워준 일도 없는데 말이오. 이런 이유로 과인은 그를 불러 곁에 두었는데, 함께 머문 지 수개월이 되지 않아서 그에게 끌리게 되었다오. 일 년이 되지 않아 과인은 그를 믿게 되었고, 재상자리를 맡기고자

---

2) "한 개인이 하나의 상황에서 다른 상황으로 넘어갈 때, 그의 세계와 환경은 확장되기도 하고 축소되기도 한다. 그러나 그는 자신이 이전과는 전혀 다른 세계에 살고 있는 것이 아니라, 이전과 동일한 하나의 세계를 다만 이전과는 다른 부분에서, 또는 이전과는 다른 측면에서 살고 있음을 발견하게 된다." - John Dewey, 앞의 책. 44쪽.

3) Oh my lover for the first time in my life, My eyes are wide open. Oh my lover for the first time in my life, My eyes can see, I see the wind, Oh I see the trees, Everything is clear in my heart, I see the clouds, Oh I see the sky, Everything is clear in our world, ... -존 레논, 'Oh My Love' 가사 가운데.

했소. …… 결국 그에게 나라를 주었는데 얼마 지나지 않아 그는 과인을 떠나버렸지 뭐요. 과인은 소중한 사람을 잃은 듯 애달프오. 마치 이 나라에는 즐거움을 함께할 이가 없는 것만 같소. 그는 대체 어떤 사람인 것이요?"

魯哀公問於仲尼曰. 衛有惡人焉曰哀駘它. 丈夫與之處者 思而不能去也. 婦人見之 請於父母曰. 與爲人妻 寧爲夫子妾者, 十數而未止也. 未嘗有聞其唱者也, 常和人而已矣. 無君人之位以濟乎人之死, 無聚祿以望人之腹, 又以惡駭天下. 和而不唱 知不出乎四域, 且而雌雄合乎前, 是必有異乎人者也. 寡人召而觀之, 果以惡駭天下. 與寡人處 不至以月數而寡人有意乎其爲人也. 不至乎期年 而寡人信之, …… 寡人醜乎 卒授之國, 無幾何也 去寡人而行. 寡人卹焉 若有亡也 若無與樂是國也. 是何人者也.「덕충부」

마을 처녀들이 정실이 누리는 모든 권리조차 마다하고, 애처로울 만큼 추한 외모의 애태타의 첩실이 되길 바랐던 이유는 무엇이었을까? 애공이 떠나버린 애태타를 애닳게 그리워한 까닭은 또 무엇이었을까? 우리가 누군가를 사랑하고 있다는 가장 확실한 징표는 그와 함께 있고 싶은 욕구다. 점막과 점막의 접촉까진 아니더라도 한 공간에서 체온을 나누고 싶어진다면 우린 그를 사랑하고 있는 것이 분명하다. 누구든 함께 있고 싶어 했던 애태타는 과연 어떤 사람이었을까?

공자가 대답했다.

"제가 초나라에 사신으로 간 적이 있는데 마침 새끼 돼지들이 죽은 어미의 젖을 먹는 것을 보았습니다. 얼마 후 새끼 돼지들은 깜짝 놀란 듯 모두 그 어미를 버리고 달아났습니다. 죽은 어미에게서 자기를 볼 수 없으니, 어미와 자신이 더 이상 같은 무리라 생각지 않은 것입니다. 새끼가 어미를 사랑한 것은 그 외형을 사랑한 것이 아니라 그 외형을 있게 한 것을 사랑한 것입니다. …… 이제 애태타는 말하지 않고서도 신임을 받고, 공이 없

어도 가까워집니다. 이는 반드시 재才가 온전하고 덕德이 드러나지 않는 사람일 것입니다."

장자는 함께 있고 싶은 사람의 특징으로 온전하게 유지된 '재才'와 드러나지 않는 '덕德'을 말하고 있다. '재'는 아직 쪼개지 않은 통나무처럼 자연이 준 그대로의 소박한 바탕을 뜻한다. 타고난 생명력과 자정능력, 직관과 교감능력 등등, 생명이 시작된 태고 적부터 아주 천천히 쌓여왔을 원형질, 그것이 재다.

우리는 생존을 위해 많은 것이 필요하다고 여기고, 그것들을 얻기 위한 도구를 마련하려 삶의 대부분을 쓴다. 그러면서도 정작 자신이 이미 가지고 있는 풍부한 바탕은 들여다보지 않는다. 처음부터 내 것이었으니 따로 얻으려 노력할 필요가 없어서일까? 그것이 원시적이고 단순해서 별 게 아니라고 여기는 걸까? 초등학교 때 처음 배운 컴퓨터를 기억한다. 도스 명령어를 하나하나 기억하고 입력해야 했던 그때 컴퓨터의 모니터와 본체는 정말 크고 무거웠다. 기술은 정교해질수록 단순해진다. 그에 따라 기술의 프로세스는 점점 더 마술처럼 신비롭게 느껴진다. 소박하고 단순한 바탕才은 최고도로 발달한 기술의 집합체 같은 것이다. 타고난 바탕이 훼손되지 않고 그 기능이 온전하게 작동하고 있다면, 살아야 한다 몸부림치지 않고서도 제법 잘 살 수 있을지 모른다.

장자의 시대에 '덕'은 사람을 가까이 당기는 힘이고, 누군가의 마음과 감응하는 능력이고, 상대를 포용하고 채워주는 마음의 장場을 의미했다. 왕태 이야기에서 장자는 사람의 덕이 작용하는 방식을 이야기했다.

"왕태는 범죄자인데 그를 따르는 자들이 선생님과 노나라를 양분하고 있습니다. 서서 가르치지도, 앉아서 의론하지도 않는데도 텅 비어서 가고, 그득해져서 돌아간다 합니다. 진짜 '말없는 가르침'이라는 것이 있어서 보이지 않게 마음을 키우는 것일까요? 그는 어떤 사람인가요?"

공자가 답했다.

"사람들은 흐르는 물에 자신을 비춰보지 않고, 멈춰 있는 고요한 물에 비춰보는 법이다. 오직 멈춰있는 것만이 멈출 수 있어 사람들이 멈추는 것이지." 「덕충부」

많은 이들이 왕태 곁에 머물고 스스로 성장할 수 있었던 것은 그의 덕이 온전했기 때문이다. 덕이 온전하다는 것은 인품이 훌륭해서 배울 것이 많다는 뜻이 아니다. 마음이 고요하게 머물러있는 호수의 물처럼 상대를 있는 그대로 수용할 수 있었다는 뜻이다. 수용하고 감응하면 나와 상대는 서로 변화한다. 의도하지 않아도 자연스럽게 변화에 이르게 되는 것及化이다. 자신의 덕을 말과 행동으로 드러내는 사람 곁에는 누구도 머물지 않는다. 덕은 외롭지 않지만[4] 드러낸 덕은 외롭다.

노자의 무위 사상에 심취했던 한비자도 덕의 작용 방식에 대해서 장자와 의견을 같이 한다.

덕을 행하려고 하거나 덕이 있기를 바라면 덕은 머물지 않는다. …… 덕을 쓰려고 하거나 덕을 의도하면 덕은 견고해지지 않는다. …… 덕을 의도하면 덕이 없게 되

---

4) '덕불고德不孤', 공자가 남긴 유명한 말로 '덕은 외롭지 않다'는 뜻이다.

고, 덕을 의도하지 않으면 덕이 있게 된다.

爲之欲之, 則德無舍. …… 用之思之, 則不固. …… 德則無德, 不德則有德.『한비자』「해로」

흥미롭게도 한비자는 법가 사상을 정초하면서 노자의 무위자연을 핵심
아이디어로 수용했다. 양극단은 서로 통한다고 했던가. 법에 의해 철저히 통
제된 사회를 꿈꾸었던 한비자와, 소국과민의 자연스럽고 자유로운 사회를
꿈꾼 노자의 교차점은 무엇이었을까? 한비자에게 법은 무위無爲하다. 법에
는 마음이 없다. 권세가 있다고 두려워하지 않고, 지식이 있다고 속지 않고,
사정이 있다고 동정하지 않는다. 법에는 마음이 없지만 법을 적용하고 집행
하는 자들에겐 마음이 있다. 법이 성공적으로 기능하려면 법을 다루는 자들
에게 특정한 의도가 없어야 한다. 법은 진실을 드러내는 도구다. 진실은 그
저 드러나는 것일 뿐, 만들어진 진실은 진실이라 부를 수 없다. 이런 논리에
서 한비는 "덕을 행하려고 하거나 덕이 있기를 바라면 덕이 머물지 않는다"
고 한 것이다. 장자가 애태타와 왕태 이야기에서 말한 '드러내지 않는 덕'은
무위의 관점에서 보면 '드러내려 하지 않기에 자연스럽게 드러나는 덕'이라
고 이해할 수 있다. 부모에게는 자녀의 모든 것을 품고 사랑하고 성장시킬
수 있는 덕이 있다. 그렇다고 그것을 끊임없이 의식하고 자신을 다그쳐야 하
는 것은 아니다. 덕은 드러나는 것이지 드러내는 것이 아니다. 아이에겐 존
경할 만한 훌륭한 부모가 아니라 함께 있고 싶은 부모가 필요하다.

죽은 어미에게서 자기를 볼 수 없으니, 어미와 자신이 더 이상 같은 무리라 생각지 않
은 것입니다.

나를 어미로 아는 우리 집 강아지는 내게 엉덩이를 붙이고 잔다. 아이가 자신의 취약한 모습을 있는 그대로 드러내 보이는 대상은 존경스러운 부모가 아니다. 완전해 보이는 부모 앞에서 아이는 자신의 불완전함을 들킬까 긴장한다. 어미가 자신과 동류同類라고 느낄 때 새끼는 편안하게 젖을 문다. 그러니 부모 노릇을 완벽하게 해내려 애쓰지 않아도 된다. 차라리 채 자라지 않은 내 안의 아이를 불러 몸을 부비며 뒹굴게 하는 것이 좋다.

> "그가 갓난아이처럼 굴거든 그와 함께 갓난아이같이 하고, 그가 터놓고 거리낌 없이 행동하면 그와 함께 터놓고 거리낌 없이 행동하며, 그가 구애받지 않고 행동하거든 또한 그와 함께 구애받지 않고 행동하라."
>
> 彼且爲嬰兒, 亦與之爲嬰兒. 彼且爲無町畦, 亦與之爲無町畦. 彼且爲無崖, 亦與之爲無崖.「인간세」

오십 년 넘게 살면서 내게도 몇 차례 영혼이 흔들리는 경험이 있었다. 그때마다 너무도 익숙한 풍경들이 갑자기 낯설어 보였었다. 그 풍경들은 대부분 아름다웠고, 때로 슬펐다. 지금은 감사드리고만 싶다, 숨겨진 점막을 내어주셨던 그분들에게. 그리고 다시 묻는다. 나는 누구에겐가 그런 사람이었는지. 특히 나의 아이에게 그런 사람이었는지. 아이가 살을 부비며 함께 시간을 보내고 싶어 하는 사람이었는지. 좋은 부모로 만들어주는 기술을 배울 필요는 없다. 우리에겐 태고의 자연이 부모라는 존재를 위해 준비해둔 재덕이 분명히 있다.

14

살기 위해 삶을 소모하다

때에 편안하고 순응하면 슬픔이나 즐거움이 들어오지 못한다. 이를 예부터 '현해'(거꾸로 매달린 형벌에서 풀려남)라 칭했다. 그런데도 스스로 벗어나지 못하는 것은 외물에 얽매여서다.

安時而處順 哀樂不能入也. 此古之所謂縣解也. 而不能自解者 物有結之.「대종사」

14

살기 위해 삶을 소모하다
외치 外馳

몇 년 전부터 급격히 낮아진 출산율 때문에 대한민국이 소멸할 것이란 경고와 우려가 쏟아지고 있다. 우리 세대에게 인구문제란, 맬서스Malthus가 『인구론』에서 제기했던 기하급수적 인구증가가 가져올 식량과 자원 부족 문제를 뜻했다. 다윈Darwin은 맬서스의 인구론에서 그의 진화론의 핵심인 '적자생존' 아이디어를 얻었다고 한다. 환경에 적응하고 변화하는 자만이 살아남는다는 적자생존은, 일자리를 놓고 100만이 경쟁해야 했던 우리 시대의 슬픈 슬로건이었다. 의아한 것은 기하급수적으로 인구가 감소하고 있는, 과거보다 훨씬 풍요로운 현재의 대한민국에서도 적자생존이 여전히 유효한 슬로건이라는 점이다. 아직 충분히 인구가 줄지 않아서일까? 50년 뒤 인구가 절반으로 줄면 이 경쟁의 치열함도 반쯤 누그러질까? 아마도 아닐 것이다. 경쟁의 강도는 인구와 자원의 일차함수로 설명될 수 없기 때문이다. 적어도 인간 사회는 그렇다. 인간의 욕망은 상대적이다. 자족을 모른다. 끊임없이 비교하며 더 좋은 것, 더 편리한 것, 더 아름다운 것을 원한다. 인구가 줄어도 욕망의 총량은 지속적으로 증가하니 경쟁의 강도가 누그러지지 않는 것이다. 전 세계 인구수가 1억 명에 불과했던 장자의 시대에도 사람들은 만족시킬 수 없는 욕망을 위해 경쟁하며 삶을 남김없이 소진했던 모양이다.

일단 태어나 형체를 갖추면 버리지 못하고 다하기를 기다리며 외물과 서로 칼을 겨누고 서로 무릎 꿇린다. 그에 매진함이 마치 질주하듯 멈출 수 없으니, 슬프지 않은가? 죽을 때까지 노력하지만 성공을 보지 못하고, 피곤에 지치도록 애를 쓰지만 그 돌아갈 곳을 알지 못하니 애처롭지 않은가? 죽지 않았다고 한들 무슨 도움이 되겠는가? 그 모습이 변하면 마음이 더불어 변하니 큰 슬픔이라 하지 않을 수 있는가? 인생이 본래 이와 같이 우매한 것인가? 나만 홀로 우매한 것인가, 아니면 사람들 가운데 우매하지 않은 이가 있는가?

一受其成形, 不忘以待盡. 與物相刃相靡, 其行盡如馳, 而莫之能止, 不亦悲乎. 終身役役而不見其成功, 苶然疲役而不知其所歸, 可不哀邪. 人謂之不死, 奚益. 其形化, 其心與之然, 可不謂大哀乎. 人之生也, 固若是芒乎. 其我獨芒, 而人亦有不芒者乎.「제물론」

장자의 눈에 비친 당시 사람들은 태어나 죽을 때까지 자기 밖의 것들外物을 향해 질주하고 있었다. 이러한 사람들의 행태를 장자는 '외치外馳'[1]라고 표현했다. 고대 동서의 철학자들은 공통적으로 삶의 의미와 목적이 자기 안에 있다고 말한다. 예를 들어 플라톤은 『심포지온』에서, 우리 안에 선하고 아름다운 본래의 '나'[2]가 존재하며, 잃어버린(또는 잊고 있었던) 고유한 나를

---

1) '외치外馳'는 '밖으로 질주한다'는 뜻이다. 차안대를 쓴 경주마처럼 목표하는 외물을 향해 질주하듯 살아가는 모습을 가리킨다.
2) 본래의 '나'가 존재한다는 믿음은 장자에게서도 찾을 수 있다. 장자는 우리가 '나'라고 믿고 있는 허구의 나를 버리면(喪我) 세상의 일부인 진정한 나, 진아眞我를 발견하게 된다고 말한다.

상기하고 가까워질 때 사람들은 행복을 느낀다고 했다. 행복해지기 위해 찾아야 할 파랑새는 내 밖이 아니라 안에 있다는 것이다.

우리가 느끼는 결핍과 갈증은 밖의 것들로는 채울 수 없다. 그럼에도 불구하고 일단 시작된 외물을 향한 우리들의 질주는 급발진 차량처럼 죽음에 부딪히기 전까지는 멈춰지지 않는다. '피곤에 지치도록 노력하지만 정작 돌아갈 곳을 모르는' 것은 2천 년 전 사람들이나 현대인들이나 마찬가지다. 언제부터였을까? 언제부터 인류는 이렇게 질주하듯 살게 된 것일까? 역사학자 유발 하라리Yuval Noah Harari는 1만 년 전 농업혁명을 그 출발선으로 지목한다.

인간이 250만 년 간 먹고살기 위해 사냥했던 동물과 채집했던 식물은 스스로 자라고 번식한 것들이었다. 거기에 인간의 개입은 없었다. 호모 에렉투스, 호모 에르가스터, 네안데르탈인은 야생 무화과를 따고 야생 양을 사냥했다. 무화과나무가 어디에 뿌리를 내려야 할지, 양 떼가 어느 목초지에서 풀을 뜯어야 할지, 어느 숫염소가 어느 암염소를 임신시켜야 할지에 대해서 인류는 아무것도 결정하지 않았다. …… 이 모든 상황은 대략 1만 년 전 달라졌다. 이때부터 사피엔스는 거의 모든 시간과 노력을 몇몇 동물과 식물 종의 삶을 조작하는 데 바치기 시작했다. 인간은 해 뜰 때부터 해 질 때까지 씨를 뿌리고 작물에 물을 대고 잡초를 뽑고 좋은 목초지로 양을 끌고 갔다. 이런 작업을 하면 더 많은 과일과 곡물과 고기를 얻게 되리라고 생각했던 것이다. 인간이 생활하는 방식의 혁명, 즉 농업혁명이었다.

- 유발 하라리, 『사피엔스』

농업혁명의 결과는 우리도 이미 알고 있다.

농업혁명 덕분에 인류가 사용할 수 있는 식량의 총량이 확대된 것은 분명한 사실이
지만, 여분의 식량이 곧 더 나은 식사나 더 많은 여유시간을 의미하지는 않았다. 오
히려 인구폭발과 방자한 엘리트를 낳았다. 평균적인 농부는 수렵채집인보다 더 열
심히 일했으며 그 대가로 더 열악한 식사를 했다. 농업혁명은 역사상 최대의 사기였
다. …… 기원전 13000년경, 사람들이 야생식물을 채취하고 야생동물을 사냥하면서
먹고살던 팔레스타인의 여리고Jericho 오아시스 주변 지역이 지탱할 수 있는 인구
는 기껏해야 1백 명 정도의 건강하고 영양 상태가 비교적 좋은 방랑자들이었을 것이
다. 기원전 8500년 야생식물이 밀에게 자리를 내어준 뒤, 이 오아시스에는 1천 명이
사는 마을이 생겼다. 마을은 크지만 집은 다닥다닥 붙어 있었고 과거보다 많은 사람
이 질병과 영양실조로 허덕였다. 어느 종이 성공적으로 진화했느냐의 여부는 굶주
림이나 고통의 정도가 아니라 DNA 이중나선 복사본의 개수로 결정된다. …… 하지
만 이런 진화적 계산법에 왜 개인이 신경을 써야 하는가? 제정신인 사람이라면 호모
사피엔스 DNA 복사본의 개수를 늘리기 위해 삶의 질을 포기할 사람이 있겠는가?
그런 거래에 동의한 사람은 아무도 없었다. 농업혁명은 덫이었다.

- 유발 하라리, 『사피엔스』

농경과 더불어 여리고 오아시스에는 정착촌이 생겼다. 다닥다닥 모여 살
며 사람들은 더 오래 더 강도 높은 노동을 해야 했고 전염병에 시달렸다. 하
라리는 말한다. "어느 종이 성공적으로 진화했느냐의 여부는 굶주림이나 고

통의 정도가 아니라 DNA 이중나선 복사본의 개수로 결정된다. …… 하지만 이런 진화적 계산법에 왜 개인이 신경을 써야 하는가? 제정신인 사람이라면 호모 사피엔스 DNA 복사본의 개수를 늘리기 위해 삶의 질을 포기할 사람이 있겠는가?" 동감한다. 곤충을 제외하고 인류는 가장 성공적으로 진화한 종이지만, 인구 증가가 개개인의 삶의 질을 담보해주진 않았다. 그런 측면에서는 지금 젊은이들의 비혼, 비출산 트렌드가 호모 사피엔스다운 영리한 선택일지 모르겠다(지구를 위해서도 인구 감소는 필요하다).

농업혁명을 통해 증가한 것은 인류의 DNA 복사본이나 노동시간만이 아니다. 폭발적인 생산성 증가는 잉여생산을 만들었고, 축적된 잉여생산은 경제적 계급 분화를 가져왔다. 뿐만 아니라 "건강한 방랑자"였던 사람들이 정착과 생산에 필요한 땅에 집착하기 시작하면서, 토지와 노동력을 쟁탈하기 위한 대규모 전쟁이 빈번해졌다. 죽이지 않으면 내가 죽고, 뺏지 않으면 내 것을 뺏기는 세상이 된 것이다.

ᅥ

자연이 주는 것으로 허기를 달래고 자유롭게 살아가던 방랑자들은 이제 권력을 꿈꾼다. 권력은 더 편하고 짧은 노동으로, 심지어 노동 없이 더 많은 생산 성과를 가져갈 수 있는 힘이다. 다시 말해 권력은 나의 자유를 확장하기 위해 필요한 힘이다. 적은 노동으로 많은 생산 성과를 가져가려면 당연히 누군가의 시간과 노동을 착취해야 한다. 누군가를 착취해 나의 자유를 확장하는 것이 싫다면, 스스로 생산성을 높이면 된다. 생산성을 높이기 위해선 여러 가지 역량들을 갖추거나 그것을 높여줄 외부의 장치들, 이기利器가 필요하다.

넓게 보아 인간 사회 전체의 권력욕을 충족시키려면 자연을 지배하고 통제해야 한다. 인간은 강렬한 의지를 가지고 이 작업에 몰두해 왔다. 우리는 그 작업을 '문명 창조'라고 부른다. 장자는 이러한 문명 이기의 발달에 비판적이었다. 그가 비판했던 것은 문명 자체가 아니라 문명과 이기가 가져온 '생명 소외'였다. 19세기 미국에도 장자와 비슷한 생각을 가진 이가 있었다.

하늘을 나는 새는 둥지를 가지고 있고, 여우는 굴을 가지고 있으며, 미개인들도 오두막을 가지고 있건만 현대의 문명사회에서 자기 집을 가지고 있는 가정은 반수도 안 된다고 해도 지나친 말은 아니다. 특히 문명이 위세를 떨치고 있는 대도시에서는 자기 집을 지니고 있는 사람이 전체 인구의 극히 일부에 지나지 않는다. 집 없는 사람들은, 여름철이나 겨울철에 필수 불가결한 것으로 되어버린 이 주택이라는 이름의 겉옷에 대해서 해마다 세를 물고 있다. 이 세는 인디언의 오두막 하나를 살 수 있을 만한 금액이지만 현재는 그들을 죽는 날까지 가난 속에 허덕이게 만드는 요인이 되어버렸다. …… 만약 문명이 인간 상황의 진정한 발전이라고 주장한다면(나 역시 그렇게 생각하고 있다. 단 현명한 사람들만이 그 이점을 최대로 활용한다고 할 수 있다), 그 문명은 비용을 더 들이지 않고 보다 훌륭한 주택을 마련하였다는 사실이 증명되어야 할 것이다. 여기서 내가 말하는 비용이라는 것은, 당장에 혹은 궁극적으로 사려는 그 물건과 바꾸어야 할 '생명의 양'을 말하는 것이다. 이 근처의 일반 가옥은 대략 800달러 정도인데, 그만한 돈을 모으자면 부양가족이 없는 노동자라도 10년

내지 15년이 걸릴 것이다. 이 계산은 노동자의 하루 수입을, 사람에 따라 다소 차이는 있지만, 평균 1달러로 따진 것이다. 그러므로 노동자가 '자기의' 오두막을 마련하려면 생의 반 이상을 바쳐야 하는 것이다.

- 헨리 데이비드 소로, 『월든』

소로Thoreau가 묘사한 1840년대 미국은 그의 시대에서 200년 가까이 지난 대한민국의 현재와 놀랍도록 닮았다. 그는 말한다, 문명의 발달이 인류의 후생에 진짜 도움이 되었다면 '비용을 더 들이지 않고 더 훌륭한 주택을 마련할 수 있게 되었음'을 증명해야 하며, 여기에서 비용이란 '사려는 그 물건과 바꾸어야 할 생명의 양'이라고.

'생명의 양'의 다른 표현은 '삶의 시간'이다. 우리는 삶의 시간 대부분을 집을 장만하고, 차를 사고, 여행경비를 마련하고, 옷을 사 입고, 식당에서 음식을 사 먹고, 비싼 공연 티켓을 구입하기 위한 '돈'을 버는 데 쓴다. 새로운 문명의 이기나 새로운 서비스가 우리를 불필요한 노동에서 해방시키고 자유롭게 해줄 것이란 순진한 꿈을 꾸며 생명을, 삶의 시간을 소진하고 있는 것이다. 장자는 인간의 권력욕이, 익생益生(삶에 덧붙여진)의 욕망이, 신념에 대한 함닉이 죽을 때까지 끝나지 않는다고 말한다. 그의 말처럼 관을 동여매는 동아줄纆로 생生을 휘감고 살아가는 우매함이 인간의 숙명인지도 모르겠다.

주식을 공모해서 회사를 세우고, 인부들을 시켜서 철도 공사를 계속하다 보면 언젠가는 모든 사람들이 빠른 시간 안에 무료로 어디엔가를 여행하게 될 것이라고 사람들은 막연하게 생각한다. 하지만... 막상 기관차의 연기가 걷히고 김이 물방울이 된 다음에 보면, 탄 사람은 몇 되지 않고 나머지 사람들은 모두 기차에 치인 채로 뒤에 남겨진 것을 알게 될 것이다. 물론 오래오래 살아서 차비라도 벌어놓은 사람은 언젠가는 기차를 타게 되겠지만 그때는 활동력과 여행 의욕을 잃고 난 다음일 것이다.

- 헨리 데이비드 소로, 『월든』

삶의 시간을 완전히 소진해서라도 가지고 싶은 것, 그것은 궁극적으로 나의 자유를 확장하기 위해 필요한 권력이다. 정말 인간의 지능을 의심하게 만드는 아이러니다. 우린 삶을 위해 삶을 소모하고 있다.

ㅓ

영국의 철학자 홉스는 "미래의 명백한 선Good을 획득하기 위해 그가 현재 가지고 있는 수단들"[3]을 인간의 역량이라 정의했다. 그리고 그러한 "역량을 추구하는 권력에 대한 욕망, 죽음에 이르러서야 비로소 중단되는 이 항구적이고 쉴 없는 욕망을, 모든 인간의 일반적인 성향으로"[4] 간주했다. 인구가 기하급수적으로 늘든 기하급수적으로 줄든, 사람들은 미래에 권력을 획득하

---

3) Hobbs, T., *Leviathan*. 1부 10장.
4) Hobbs, T., *Leviathan*. 1부 11장.

게 해줄 현재의 역량들을 위해 자기 삶의 시간을 지불하고 있다. 장자는 이런 삶의 아이러니를 거꾸로 매달린 형벌에 비유했다. 그 형벌은 스스로 청한 것이며, 스스로 벗어날 수 있다.

외물外物에 의해 자기를 상실하고, 세속世俗에 의해 본성을 상실한 자들을 일컬어
거꾸로 살아가는 사람들이라고 한다.
喪己於物 失性於俗者 謂之倒置之民.「선성」

부모가 되면 자신이 지닌 외치外馳의 욕망을 자녀를 통해 발산한다. 부모는 자녀가 미래의 명백한 선, 즉 자유롭고 풍요로운 삶을 향유하기 위해 필요한 권력을 소유하길 바라며, 그를 위해 특정한 권력집단에 소속되길 바라며, 그 집단이 요구하는 역량을 갖추기 바란다.

부모의 마음은 아이를 위한 계획으로 가득하지만 아이의 마음엔 계획이 없다. 자유는 스스로 생각하고 선택하고 행동하는 것이다. 자유가 없는 노예는 오늘 뭘 할지 고민할 필요가 없다. 아이는 미래의 자유를 위해 현재의 자유를 빼앗긴 것이다. 아이는 자신의 생명, 삶의 시간을 미래에 획득할지도 모르는 권력을 위해 소진하게 된다. 권력은 자유를 위해 필요하다. 빛나는 청춘의 자유를 대가로 권력을 얻더라도, 아이는 이미 자기 생명의 시간을 계획할 힘을, 자유로울 수 있는 능력을 잃어버렸을지도 모른다. 아이들은 자유를 위해 자유를 소모하고 있다.

때에 편안하고 순응하면 슬픔이나 즐거움이 들어오지 못한다. 이를 예부터 '현해'(거
꾸로 매달린 형벌에서 풀려남)라 칭했다. 그런데도 스스로 벗어나지 못하는 것은 외물에
얽매여서다.

아이의 미래를 위해, 풍요롭고 동시에 자유로운 미래를 위해 부모는 아이를 거꾸로 매달길 주저하지 않는다. 그것이 부모의 가장 중요한 책무라도 되는 듯 최선을 다해 자신과 아이의 발을 동여맨다. 거꾸로 매달린 삶에 이미 익숙해진 부모가 잊고 있는 것, 그것은 그들이 준비해주려는 미래의 자유와, 아이가 지금 누릴 수 있는 자유가 똑같은 무게를 지닌다는 점이다. 교육의 최종 목적은 권력이 아니라 자유에 있다(루소의 말이다). 우린 개미와 베짱이 이야기를 너무 감명 깊게 읽었다. 안시安時, 때에 편안하게 머묾. 아이의 시간엔 베짱이가 어울린다.

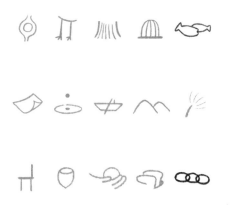

노래 부르는 아이

남백자규가 여우에게 물었다.

"선생님은 나이가 많은데도 낯빛이 어린아이 같습니다. 무엇 때문입니까?"

여우가 말했다.

"나는 도를 들었노라"

……

"어디에서 그것을 들으셨습니까?"

"부묵副墨의 아들에게서 들었다. 부묵의 아들은 낙송洛誦의 손자에게서 들었고, 낙송의 손자는 첨명瞻明에게서 들었고, 첨명은 섭허에게서 들었고, 섭허는 수역需役에게서 들었고, 수역은 오구於謳에게서 들었다. 오구는 현명玄冥에게서 들었고, 현명은 참요參寥에게서 들었고 참요는 의시疑始에게서 들었다."

南伯子葵問乎如偶曰, 子之年長矣而色若孺子 何也. 曰吾聞道矣. …… 子獨惡乎聞之. 曰聞諸副墨之子. 副墨之子聞諸洛誦之孫. 洛誦之孫聞之瞻明. 瞻明聞之聶許. 聶許聞之需役. 需役聞之於謳. 於謳聞之玄冥. 玄冥聞之參寥. 參寥聞之疑始.「대종사」

15

노래 부르는 아이
유 遊

아름다운 이 세상 소풍 끝내는 날
가서, 아름다웠더라고 말하리라.

천상병 시인의 시 '귀천歸天'의 마지막 구절이다. 시인의 소풍은 선생님 구
령에 나란히 줄 맞추어 걷고, 같은 장소에 모여 도시락을 먹고, 정해진 시간
에 돌아오던 그런 소풍은 아닐 것이다. 직장 다니던 스물다섯 가을, 시인의
소풍을 다녀온 적이 있다. 출근길 문득 올려다본 하늘이 눈이 시리도록 파
랬다. 어리고 무모한 사회 이탈자는 발길을 돌려 청량리역으로 갔다. 목적지
는 없었다. 완행열차를 타고 이름도 기억나지 않는 작은 역에 내렸다. 마을
을 거닐다 다시 기차를 타고 바다로 갔다. 하늘보다 짙푸른 바다와 하얀 파
도소리, 세상의 끝에 다다른 기분이었다. 시인의 소풍에는 아무런 목적이 없
다. 아무런 목적이 없기 때문에 그동안 보지 못했던 다른 세계를 본다. 재단
된 세계가 나의 눈에 들어오는 것이 아니라, 내가 있는 그대로의 세계에 빨

려 들어간다. 나를 감싸 안은 세계는 낯설지만 아름답다.

ㅓ

> *"나는 도를 들었노라"*
>
> *"어디에서 그것을 들으셨습니까?"*
>
> *"부묵副墨의 아들에게서 들었다. 부묵의 아들은 낙송洛誦의 손자에게서 들었고, 낙
> 송의 손자는 첨명瞻明에게서 들었고, 첨명은 섭허에게서 들었고, 섭허는 수역需役에게
> 서 들었고, 수역은 노래 오구於謳에게서 들었다. 오구는 현명玄冥에게서 들었고, 현명
> 은 참요參寥에게서 들었고 참요는 의시疑始에게서 들었다."*

'아브라함이 이삭을 낳았고'로 시작하는 구약성서 구절 같은 이 이야기는
도[1]를 체득하는 단계에 대한 것으로 알려져 있다. 장자는 각 단계를 의인화
하여 사람 이름처럼 부른다. 각각의 이름엔, 이야기 속의 현자 여우처럼 나
이가 들어도 생기를 유지시켜줄 수양법이 암호화되어 있다. 긴 세월 수많은
연구자들이 이 암호문을 다양하게 해독해 왔다. 내공이 얕은 나는 여러 해독
가운데 그냥 마음이 가는 것들을 추려 맥락을 맞춰본다.

---

1) 도道는 길이다. 옛길은 많은 사람들이 다니면서 자연스럽게 생겼다. 현대어로 도는 이치, 진리, 지혜에 가깝다. 나는 도를
'삶의 길'로 해석한다. 우주의 일부인 우리가 찾게 될 삶의 길은 우주의 길(원리)과 동떨어져 있지 않다. 도는 세계의 변화 원
리이며 동시에 우리 삶의 원리를 가리킨다.

도를 들었다는 여우의 대답에 남백자규는 잔뜩 기대하며 물었다. 어디에서 도를 들었다는 거요? 여우는 부묵副墨의 아들에게서 들었다고 답한다. 부묵은 붓과 먹이니 부묵의 아들은 문자文字를 뜻한다. 글을 읽어 도를 깨우쳤다, 말 그대로 책 속에 길道이 있다는 것이다. 그런데 문자는 다시 낙송洛誦의 손자에게서 도를 들었다 한다. 낙송은 소리 내어 말하는 것이니, 입에서 입으로 전해진 이야기들을 가리키는 것 같다. 도는 문자로 기록되기 전 말과 이야기로 전해졌을 것이다. 문자와 말, 여기까지는 언어 영역이다.

언어는 간접적인 경험이다. 말과 글을 통해 배운 것은 완전하지 않다. 누군가 자신이 깨달은 것을 말과 글로 애써 남겼을 테지만 말과 글엔 그가 체험한 진리의 정수는 휘발되고 없다(장자는 옛 현인들의 글을 술을 만들고 남은 지게미에 비유했다).

여우의 이야기를 계속 따라가 보자. 낙송의 손자는 첨명瞻明, 세상을 상세히 관찰하는 이에게서 도를 배운다. 그리고 첨명은 세상 소리를 잘 듣는 섭허에게서 도를 배운다. 부묵과 낙송이 전달된 간접 경험을 통한 배움이라면, 첨명과 섭허는 직접 보고 듣는 체험을 통한 배움을 상징한다. 길道은 나를 둘러싼 세상 속에 있다. 세상은 큰 스승, 대종사大宗師다.

다음으로 수역需役과 오구於謳가 등장한다. 수역需役은 부지런히 노력하는 이를 뜻한다. 자기 분야에서 오랜 시간 최선을 다한 사람은, 그것이 어느 분야이든 세상 이치를 깨닫는다. 『장자』에는 평생 매미 잡는 일에 집중한 노인, 평생 소를 잡는 일을 해온 백정, 평생 수레바퀴를 깎아온 목수가 등장해 삶의 지혜를 전한다. 같은 이유에서 평생 논을 살피고 벼이삭을 보살핀 필부가 여느 교육학자보다 아이를 훌륭하게 키울 수 있다.

수역이 부지런히 노력하는 이라면, 오구於謳는 한가롭게 노래 부르는 이를 뜻한다. 노래 부르는 오구는 현묘한 어둠인 현명玄冥으로부터, 현명은 텅 빈 듯 적막한 참요參寥로부터, 참요는 시작인 듯 시작이 아닌 의시疑始로부터 도를 들었다고 했다. 현명과 참요와 의시는 보통 사람들이, 정확히는 평범한 내가 이해하고 설명해낼 수 있는 경지가 아니다(노자나 장자조차도 언어로 표현하기 꺼려한 경지가 아닌가). 이 「대종사」 구절에서 내 마음을 사로잡은 이름은 '오구'였다. 글과 말보다 눈과 귀가 도에 가깝고, 집중과 노력보다 유유히 노래 부르는 것이 도에 가깝다니! 개미는 베짱이의 노래를 들어야 했다.

　글렌 굴드Glenn Gould가 바흐의 '골드베르그 변주곡'을 연주하는 영상(1981)을 본 적이 있다. 그의 연주는 매혹적이었다. 영상엔 우아하고 화려한 피아니스트는 없었다. 굽은 등과 마르고 하얀 손가락, 형형한 눈빛 그리고 흥얼거리는 노랫소리... 그는 피아노를 가지고 노는 아이처럼 신나 보였다. '오구'라는 이름을 읽으며 난 굴드가 떠올랐다. 누구도 부인할 수 없는 최고의 바흐 연주자라는 점에선 그는 '수역'이다. 그런데 이 연주 영상 속의 그는 '오구'였다.

　책을 많이 읽는 아이는 영특한 아이로 성장할 것이다. 할머니가 들려주는 이야기에 귀 기울이는 아이는 지혜로운 아이로 자랄 것이다. 호기심을 가지고 사물을 관찰하는 아이는 세상의 법칙을 이해하게 될 것이다. 끈기 있게 노력하는 아이는 이해하지 않고도 삶의 이치를 알게 될 것이다. 그리고 노래하는 아이는 지치지 않고 세상을 살아낼 것이다.

품은 덕의 두터움은 갓난아이에 비유할 수 있다. …… 종일 울어도 목이 잠기지 않
는 것은 지극히 조화로운 까닭이다. …… 도가 아닌 것은 오래가지 못한다.

含德之厚 比於赤子. …… 終日號而不嗄 和之至也. …… 不道早已. 『도덕경』, 55장

이 이야기 속 늙은 도인, 여우의 얼굴은 아이 같았다. 여우가 여러 단계의
배움 끝에 도달한 경지가 아이였던 것이다. 아이는 가르쳐주지 않아도 세상
의 비밀을 알고 있다(정확히 말하면 가르칠 수 있는 어른이 없다). 서너 살
딸아이는 돌멩이를 좋아했다. 동글동글 돌멩이를 작은 손에 올려놓고 노래
를 불러줬다. 심심하면 벽지 무늬 속에 숨은 토끼를 찾았다. 아이는 유능한
술래였다.

노래는 세상을 환대하는 이들의 흥얼거림이다. 그것은 배우려는 마음으
로 세상을 관찰하고, 알맞게 대응하려고 노력하는 것과는 다르다. 노래는 입
을 틀어막아도 흘러나오는 감탄사 같은 거다. 사물이 건네는 이야기에 자기
도 모르게 반응하는 거다. 노래하는 이에게 삶은 놀이고 세상은 놀이터다.
삶의 길道, 그 시작과 끝에 놀이가 있다.

ㅓ

배움의 여정에는 세 가닥의 줄이 필요하다고 한다. 한 가닥은 '채움'의 줄,
다른 가닥은 '비움'의 줄, 마지막 줄은 채움과 비움 중간에 있는 '쉼'이라는

줄.[2] 채움과 비움은 정반대의 행위지만 의도를 가지고 행한다는 점에서는 같다. 반면 쉼은 목적과 의도가 없는 행위, 무위無爲다. 무위는 호수에 떠 있는 빈 배처럼, 바람을 따라 흐르는 구름처럼 비어 있는 마음으로 존재하는 것이다. 텅 빈 채 고요히 존재하는 무위는 아무 쓸모도 없어 보이지만, 무위의 시간이 없으면 유위有爲는 방향을 잃는다(노자가 무위의 공능에 대해 "무위하면 하지 못하는 것이 없다無爲而無不爲"고 말한 것도 같은 맥락에서 이해할 수 있다). 쉼의 시간은 전체를 관망하는 힘을 기르는 시간이다. 우리는 그 시간 동안 삶의 방향성에 대한 낯선 질문을 던진다. 숨 가쁘게 달리는 이유를 묻고, 지나온 길을 묻고, 가야 할 목적지를 묻고, 다시 삶을 이어갈 힘을 충전한다.

그러나 장자의 말처럼 걷지 않고 자취를 끊어버릴 수는 있지만 걸으면서 땅을 밟지 않기는 어려운 법, 하루하루 현실을 살아내야 하는 부모와 자녀에게 쉼은 채움과 비움보다 어려운 일이다. 여기에는 일종의 실존적 결단이 요구된다. 해야 할 일, 생각해야 할 일이 산적해 있지만 '그럼에도 불구하고' 지금 바로 여기에서 멈추어야 한다. 마치 방이 방 안의 빈 공간 때문에 방으로서의 구실을 할 수 있듯, 피리가 피리의 빈 공간 때문에 소리를 만들어 낼 수 있듯 모든 성취는 '쉼 없는 노력'에 '쉼'이 보태질 때 완성된다.

---

2) 여기에서 '채움'이란 부족한 것, 필요한 것을 지속적으로 보충해 나가는 정보 보충의 과정이다. 채움만큼 중요한 배움의 과정이 비움이다. 채움이 생(生)에서 시작하는, 생을 의식한 정보 축적의 활동이라 한다면, 비움은 명(命)을 진지하게 생각하며 반추하는 정보 활용의 활동, 공부(功夫, gōngfu)라 할 수 있다. '쉼'은 말 그대로 휴식이다. 그렇다고 쉼이 멈춤을 의미하는 것은 아니다. 쉼은 돌아봄과 바라봄, 내다봄의 세 활동이 끊이지 않고 이어지는 과정이다. - 한준상(2009).『生의 痴 배움』. 학지사. 머리말 참조.

노래, 놀이, 쉼… 분초를 다투며 살아가는 현대인들에겐 한낱 낭만주의자들의 흰소리처럼 들릴지 모르겠다. 사람들은 시간 낭비를 싫어한다. 맞다. 삶을 충분히 음미하기에 생명의 시간은 짧다. 의미 있게, 소중하게 시간을 써야 한다. 하지만 현대인들이 시간을 낭비하는 것을 싫어하는 것은 그런 초현실적이고 낭만적인 이유 때문은 아니다.

현대인들에게 시간은 무형의 재화고 자본이다. 지금 어떻게 시간을 보내느냐에 따라 미래에 돌아올 이익이 달라진다. 시간을 낭비해선 안 되는 이유는 시간이 곧 돈이기 때문이다. 독일의 철학자이자 사회학자인 게오르크 짐멜Georg Simmel은 『돈의 철학』에서 돈의 경제가 "질적 가치를 평가, 계량, 계산하며 양적 가치로 환원하는" 방향으로 현대의 생활을 변화시켜 왔으며, 이러한 돈의 논리는 "시간 경험의 경제적 '환원'을 요구"하게 되었다고 말한다.[3] 짐멜의 말처럼 현대사회에서 시간은 사고파는 경제적 재화의 일종이 되었다. 부유한 사람은 시간을 돈으로 살 수 있다. 에버랜드 패스트트랙 패스를 살 돈이 있다면 놀이기구 하나를 타려고 길고 긴 줄의 꼬리에 설 필요가 없다. 제법 큰 금융자산을 굴리는 부자는 은행에서 번호표를 뽑고 소리 없는 티비를 보며 시간을 죽일 필요가 없다. 담당 프라이빗 뱅커가 고객의 소중한 시간이 낭비되지 않도록 분주히 움직일 것이다.

이제 기다림은 사회적 정치적 분리를 강화하는 일종의 의식으로 기능하고 있다. 이러한 기다림에 대한 부정적 인식과, 기다림을 잊게 해주는 오락거리-대기실에 비치

---

3) 해럴드 슈와이저, 『기다리는 사람은 누구나 시인이 된다』, 돌베개, 2018. 21, 24쪽 재인용.

된 잡지, 텔레비전 오락물, 컴퓨터 게임, 주전부리, 담배 따위가 결합해 수익성 높은 산업을 형성한다. 농담 같지만, 기다림의 경험은 어떤 비용을 치르고서라도 피해야 하는 일이 되어버린 것 같다.

- 해럴드 슈와이저, 『기다리는 사람은 누구나 시인이 된다』

기다림이라는 경험은 썩 유쾌한 것이 못 된다. '미안하지만 네 시간은 돈이 안 돼'라는 뜻이니까. 기다림은 가난하고 힘없는 자의 몫이니까. 내 시간의 가치가 폄하되고 있다는 불쾌한 느낌을 피하기 위해선 우린 항상 바빠야 한다(바쁜 척이라도 해야 한다). 그리고 상대가 내 소중한 시간을 존중해줄 수 있도록 그 소중한 시간을 써서 돈을 벌어 두어야 한다. 그러다 보면 진짜 바빠진다.

한 게으름 한다고 자부하는 친구들끼리 게으름당을 만들자고 모의한 적이 있다. 결론만 말하면 창당에 실패했다. 창당대회에 참석할 만큼 부지런한 친구가 하나도 없었기 때문이다. 인류사에 게으름을 미덕이라 찬양한 사람은 없다. …생각해보니, 있다. 낭만주의자 루소의 "시간을 낭비하라!"

'시간을 낭비하라'는 표현은 『에밀』에 나온다. 루소는 『에밀』을 출간하고 무신론자로 낙인찍혀 프랑스에서 추방당했지만, 사실 그의 교육관은 신적 질서에 기반하고 있다. 루소는 신을 자연의 기계적 원리, 법칙처럼 이해했다. 그에게 자연의 순서는 신의 질서였다. 그가 볼 때 자연의 시계를 무시하는 부모나 교사의 조급한 가르침은 아이들에게 미덕을 심어주기보다는 악덕을 조장하는, 불신자들의 행위였다. 그는 말한다, 자연이 아이들을 충분히 준비시킬 때까지 참고 기다리라, 그 기다림이 시간의 낭비처럼 여겨진다면,

좋다, 시간을 낭비하라!

게으름당 창당을 도모했던 친구들은 나무늘보 같았다. 타고난 재능과 지성을, 그리고 시간이란 최고의 자본을 사회적인 위신을 세우는 데 투자하지 않았다(이런 게으름은 주변 사람들을 안타깝게 할지는 몰라도 다른 사람들에게 피해를 주진 않는다. 게으름이 악덕인 보통의 이유는 내가 하지 않으면 결국 누군가는 해야 하는 일을 미루기 때문이다. 그래서 사람들은 게으름뱅이와 함께 일을 도모하지 않는다). 하지만 안으로는 누구보다 치열하게 살아온 사람들이다. 선혈이 낭자한 싸움판에서 이유도 없이 뒹굴지 않기 위해, 자신에게 주어진 시간을 사고팔지 않기 위해, 소소하고 값없는 것들을 따뜻하게 바라보기 위해.

ㅓ

장자가 루소와 같은 시공간을 살았다면 지음知音의 고사 한편이 더 전해지지 않았을까 싶다. 루소가 말한 시간의 낭비를 장자의 언어로 옮기면 '유遊', 노닒이다. 『장자』 첫 편의 제목인 '소요유逍遙遊'는 특별한 목적 없이 느긋하게 거닐며 노닌다는 뜻이다. 장자는 삶을 우주적 여정의 일부로 여겼다. 우주먼지가 별을 만들고 별은 생명을 만든다. 생명도 별도 다시 먼지로 돌아갈 것이다.

문득 올려다 본 하늘이 너무 좋아 아이의 손을 잡고 소풍을 나왔다고 상상해보자. 부모와 아이는 자신을 둘러싼 너무나 익숙했지만 아주 낯설어진 세계를 발견한다. 그 세계는 알 수 없는 큰 흐름을 따라 스스로 생장生長하고 운동하고 변화한다. 생장과 소멸이 생명의 흐름으로 이어지는 그 지점에서 인간의 분별적 의식은 의미를 잃는다. 화려하고 향기로운 꽃뿐만 아니라 말라버린 담쟁이 잎도, 고목을 덮은 푸른 이끼도 아름답다. 하물며 내가 손잡고 걷고 있는 나의 아이는 어떠하겠는가? 나로부터 이어진 생명이 새롭게 시작한, 그렇지만 내가 아닌 그는 아름답고 경이롭다. 나는 그 생명 앞에 겸손해진다. 관조하는 노닒을 통해 인간은 대자연 앞의 겸손을 배운다.

쉼과 노닒의 시간을 통해 우리는 세계의 전체성을 깨닫는다. 나의 분별과 의도로 경계 짓고 나누고 판단해서 얻은 '나'의 세계가 아니라, 본래 있는 그대로의 전체적인 세계 안에서 그 세계의 일부인 나를 발견하고[4] 자연의 순서 안에 수용됨으로써 진정한 해방을 맞는다. 그렇게 지금 여기의 삶을 방해하고 구속하는 모든 것들로부터 자유로워짐과 동시에 더불어 사는 마음의 여유를 회복한다.

관조할 수 있는 부모에게 자녀와의 동행은 즐거운 노닒이다. 어린 자녀의 성장은 물론 그의 방황과 좌절, 그로 인한 아픔도 삶의 여정이라는 전체의 관점에서 보면 아름답다. 예를 들어 사춘기 아이의 반항도 성장과 독립이라는 관점에서 보면 대견할 수 있다. 부모-자녀 사이의 갈등은, 부모가 소유적 욕망과 덧붙여진 정감으로부터 자유로울 때, 자기 경험과 지식에 바탕한 유

---

4) 유소감劉笑敢은 장자의 소요逍遙를 "무심無心, 무정無情하고 모든 것을 잊어버리며 만물과 더불어 직접 하나가 되는 경지를 체인體認해야만" (유소감, 최진석 역(1998).『莊子哲學』(개정판). 소나무. 58쪽) 가능한 자유라고 말한다. '만물과 하나가 된다(物我一體)'는 것은 피상적이고 비현실적인 말인 것 같지만, 우리는 실제 이러한 상태를 순간적으로 경험하기도 한다. 예를 들어 자연의 장관이나 예술의 압도적인 아름다움 앞에서 경험하는 몰입을 들 수 있다. 몰입의 순간 우리는 그 아름다움을 보고 느끼고 있는 주체를 의식하지 않는다. '나'를 잊으면 물아物我의 분리도 없다.

위有爲의 가르침을 멈출 때, 그리하여 자신과 자녀의 삶을 한 발 떨어져 전체의 관점에서 관조할 수 있을 때야 비로소 해소될 수 있다. 관조하는 부모는 목적지를 염두에 둔 장정이 아닌, 지금 이 순간의 동행에 집중한다. 왜냐하면 목적지를 어디로 정했든 상관없이 길은 어디에선가 끝날 것이고, 그보다 먼저 동행과 자신의 길이 머지않아 갈라질 것임을 알고 있기 때문이다.

후後

잇다잇다

'마른 웅덩이에서 서로를 위한다며 아가미에 침을 뱉어주는 물고기들과, 강과 호수에서 자유롭게 헤엄치며 서로의 존재조차 모르는 물고기들, 당신이 물고기라면 어느 쪽을 선택하겠소?'

장자의 물음에 답합니다. 나는 아이가 '나'를 까맣게 잊은 채 강과 호수에서 자유롭게 헤엄쳤으면 좋겠습니다. 한껏 호수를 누비고 돌아와 작은 지느러미를 팔랑이며 이렇게 말해줬으면 좋겠습니다.

'엄마, 낳아줘서 고마워. 진짜 멋진 호수야!'

기억해보면 아이에게 낳아줘서 고맙다는 말을 바라는 것도 욕심일지 모릅니다. 좁은 산도를 빠져나오느라 뾰족하게 눌린 머리, 푸르스름해진 손가락, 자지러질 듯한 울음, 힘겹게 뜬 한쪽 눈. 내가 견뎠던 산고와는 비교도 되지 않을 고통을 견디고 아이는 세상에 나왔습니다. 가슴에 올려진 아이를 보며 깨달았습니다, 이 작고 경이로운 존재는 내가 만들 수 있는 것이 아니라는 것을. 나는 일렁이는 생명의 그물 가운데 하나의 그물코입니다. 나를 통과해 또 하나의 그물코가 만들어진 것일 뿐 바지런히 코바늘을 놀리며 그물을 뜨고 있는 존재가 누구인지는 알지 못합니다.

아이를 낳고 키우며 노자와 장자가 말한 '겸허'의 덕이 무엇인지 어렴풋이 이해할 수 있었습니다. 장자는 겸허를 '탁부득이託不得已', '어떻게 해볼 수 없는 것에 기대는' 삶의 자세라고 설명합니다. 세상엔 나의 욕망과 의지로 넘어설 수 없는 일들이 있습니다. 나는 부득이의 바다에 띄워진 작은 배를 타고, 끝이 언제인지 모를 여행을 하고 있습니다. 그러다 해류를 타고 온 아이의 배를 만났습니다. 나는 어리석게도 아이의 배를 나의 배에 묶어두려 시도했습니다. 아이의 배에 나의 이름을 새기고 기억해주길 바랐습니다. 아이가 이룰 성취와 실패, 명예와 오욕이 나의 것인 양 불안해하며 아이의 뱃머리를 끌었습니다. 하지만 바다는 아이의 배를 나에게 알려지지 않은 세계로 인도합니다. 그곳은 내가 매달아준 과거의 돛으로는 항해할 수 없는 세계입니다. 내가 묶어둔 불안의 닻으로는 편안히 머물 수 없는 세계입니다. 나는 이제 텅 비고 고요한 마음으로 기도합니다. 나의 사랑이 그림자가 되지 않길. 나를 잊고 세상과 노래하길.

다시 장자의 물음에 답합니다. 호수 이 편과 저 편에서 서로를 잊고 헤엄친다 해도, 들녘 이쪽과 저쪽에서 서로를 잊고 노래한다 해도 괜찮습니다. 나는 지금 아이의 아가미를 거친 물과 아이가 내쉰 숨을 마십니다. 우린 같은 호수, 같은 공기 속에 삽니다. 잊혀진다 해도 외롭지 않을 겁니다. 부모와 아이는 이어진 그물코니까요.

부록

『장자』「소요유」 원문과 해석

소요유 1

북쪽 바다에 '곤'이라는 물고기가 살았다.

곤은 마침내 거대한 새, 붕이 되었다.

붕은 큰 두 날개로 바다 수면을 치고 구만리를 날아올랐다.

그 날개는 하늘을 덮은 구름 같았다.

새는 바다가 움직일 때 일어나는 큰 바람을 타고 남쪽바다,

천지를 향해 날아간다.

아지랑이와 먼지는 살아있는 것들의 숨결이다.

솟구쳐 오른 붕이 내려다본 땅은,

땅 위에서 올려다 본 하늘이 그러하듯 짙푸른 빛이었다.

짙푸름은 하늘이 본래 가지고 있는 색깔이 아닌,

멀고 깊은 거리가 갖고 있는 색깔이었을 뿐이다.

北冥有魚, 其名爲鯤. 鯤之大, 不知其幾千里也. 化而爲鳥, 其名爲鵬. 鵬之背, 不知其幾千里也. 怒
而飛, 其翼若垂天之雲. 是鳥也, 海運則將徙於南冥. 南冥者, 天池也. 齊諧者, 志怪者也. 諧之言曰
鵬之徙於南冥也, 水擊三千里, 搏扶搖而上者九萬里, 去以六月息者也. 野馬也, 塵埃也, 生物之以
息相吹也. 天之蒼蒼, 其正色邪? 其遠而無所至極邪. 其視下也, 亦若是則已矣.

대청마루 오목한 곳에 물을 한 잔 부어놓은 것으로는

지푸라기라면 모를까, 나무 술잔조차 띄울 수 없다.

물은 얕고 배는 크기 때문이다.

붕이 구만리를 날아오른 것은

그 날개를 받치는 구만리 두께의 바람이 있었기 때문이다.

그 후 붕은 바람에 의지하여,

짙푸른 하늘을 등지고 거칠 것 없이 남쪽바다를 향했다.

且夫水之積也不厚, 則其負大舟也無力. 覆杯水於坳堂之上, 則芥爲之舟. 置杯焉則膠, 水淺而舟大也. 風之積也不厚, 則其負大翼也無力. 故九萬里, 則風斯在下矣, 而後乃今培風. 背負靑天而莫之夭閼者, 而後乃今將圖南.

소요유 2

붕의 비상을 지켜 본 말매미와 메추리가 비웃으며 말했다.

"쯧..저것은 어디를 가려고 저토록 높이 날아오른단 말인가?

몇 길 높이만 날아도 사는 데 충분한 것을..."

푸른 들에 나갈 때는 세끼 밥만으로 돌아올 때까지 배가 부르고,

백 리를 여행할 때는 밤새워 식량을 마련해야 하고,

천 리를 여행할 때는 석 달 식량을 마련해야 한다.

작은 앎은 큰 앎을 알지 못한다.

蜩與學鳩笑之曰, 我決起而飛, 搶楡枋而上, 時則不至而控於地而已矣, 奚以之九萬里而南爲. 適莽
蒼者, 三餐而反, 腹猶果然. 適百里者, 宿舂糧. 適千里者, 三月聚糧. 之二蟲又何知. 小知不及大知.

수명이 짧은 것은 수명이 긴 것을 알지 못한다.

조균(새벽에 생겼다가 아침햇빛에 사라지는 균류)은

아침과 저녁을 모르고, 쓰르라미는 봄과 가을을 모른다.

초나라 남쪽 명령이라는 나무는

오백 세로 봄을 삼고 오백 세로 가을을 삼는다.

상고에 대춘이라는 나무는

팔천 세로 봄을, 팔천 세로 가을을 삼았다 한다.

그런데 세상 사람들은 겨우 칠백 년 산 팽조를 부러워하니

슬프지 않은가?

小年不及大年. 奚以知其然也. 朝菌不知晦朔, 蟪蛄不知春秋, 此小年也. 楚之南有冥靈者, 以五百
歲爲春, 五百歲爲秋. 上古有大椿者, 以八千歲爲春, 八千歲爲秋. 而彭祖乃今以久特聞, 衆人匹之,
不亦悲乎.

소요유 3

송영자라는 사람은,

세상 모든 사람들이 그를 칭찬해도 우쭐거리지 않았으며

또 세상 모든 사람들이 그를 비난해도 기가 꺾이지 않았다.

그것은 그가 각자에게 주어진 몫이 다름을 알고 있었기 때문이며,

명예와 치욕의 경계를 깨달았기 때문이며,

세상사에 조급하게 굴지 않았기 때문이다.

그러나 여전히 그가 지덕(지극한 덕)에 이르렀다 말할 수는 없다.

故夫知效一官, 行比一鄕, 德合一君, 而徵一國者, 其自視也亦若此矣. 而宋榮子猶然笑之. 且擧世
而譽之而不加勸, 擧世而非之而不加沮, 定乎內外之分, 辯乎榮辱之境, 斯已矣. 彼其於世未數數然
也. 雖然, 猶有未樹也.

열자는 가볍게 바람을 타고 다녔다.

(한번 바람을 타면) 보름이 지나서 돌아오기도 했다.

그는 행복을 좇는데 조급하지 않았다.

그가 비록 걸어 다니는 수고에서 벗어났다지만,

여전히 무엇엔가(바람에) 의지하고 있다.

만약 천지의 바름을 타고 온갖 기운의 변화를 거느리며

무궁에서 노니는 이가 있다면, 그가 무엇에 의지하겠는가?

그래서 지인은 '나'가 없고,

신인은 공(성취)이 없고,

성인은 이름이 없다고 하는 것이다.

夫列子御風而行, 冷然善也, 旬有五日而後反. 彼於致福者, 未數數然也. 此雖免乎行, 猶有所待者也. 若夫乘天地之正, 而御六氣之辯, 以遊無窮者, 彼且惡乎待哉. 故曰, 至人無己, 神人無功, 聖人無名.

소요유 4

요임금이 은자 허유를 찾아가 그에게 천하를 양위하고자 한다고 말했다.

이에 허유가 답하여 말하기를,

"이미 당신으로 인해 천하가 안정되었거늘, 내가 다시 그 자리를 대신한

다면, 그것은 단지 이름을 좇는 일이 될 것입니다.

이름은 실질의 그림자이니 나더러 그림자를 좇으란 말입니까?

돌아가십시오. 뱁새가 깊은 숲속에 깃들 때 그에게 필요한 것은 나뭇가지

하나이고, 두더지가 강물에 이르러 필요한 것은 목을 적실 물 한 모금일

뿐입니다."

堯讓天下於許由, 曰, 日月出矣, 而爝火不息, 其於光也, 不亦難乎. 時雨降矣, 而猶浸灌, 其於澤也,
不亦勞乎. 夫子立, 而天下治, 而我猶尸之, 吾自視缺然, 請致天下. 許由曰, 子治天下, 天下旣已治
也. 而我猶代子, 吾將爲名乎. 名者, 實之賓也, 吾將爲實乎. 鷦鷯巢於深林, 不過一枝. 偃鼠飮河,
不過滿腹. 歸休乎君. 予無所用天下爲. 庖人雖不治庖, 尸祝不越樽俎而代之矣.

소요유 5

견오가 연숙에게 말했다.

"초나라 접여의 말을 듣고 왔습니다. 그는 미치광이가 맞습니다.
상식에 맞지 않는, 끝도 보이지 않게 크기만 한 이야기를 하더군요."

연숙이 물었다.

"그가 뭐라 했기에?"

견오가 답하였다.

"접여가 말하길, 막고야라는 산에 신묘한 사람(신인)이 사는데,
그의 살결은 얼음처럼 투명하고, 부드럽고 아름다운 자태는 처녀와 같고,
곡식 대신 바람과 이슬을 마시며, 구름을 타고 용을 거느린 채
세상 밖을 날아다닌다고 합니다.
또 신인이 그의 정신을 응집하면 만물이 병들지 않고 농작물이 스스로
익는답니다. 그의 말은 지어낸 듯하여 믿을 수가 없습니다."

연숙이 말했다.

"장님은 아름다운 경치를 볼 수 없고 귀머거리는 아름다운 소리를
들을 수 없지. 눈멀고 귀먹음이 비단 육체에만 있다 할까.
자네의 앎도 다를 바 없구만.
접여의 이야기는, 막고야의 신인의 덕이 만물과 혼연히 하나가 된 것을
말하고 있네. 그렇게 되면 그 무엇도 그에게 상처 줄 수 없지.

홍수가 범람하여 물이 하늘에 닿을 정도라 하더라도,

큰 가뭄이 들어 쇠와 돌이 녹고 땅과 산이 불타도 말일세.

사람들은 그에게 세상을 다스려달라 하지만,

이미 그의 응집된 정신이 만물 스스로 살아가게 할 것이니

천하를 다스리겠다 나설 필요가 없을 것이네.

송나라 상인이 은나라 모자인 장보를 사서 월나라로 팔러갔다고 하세.

머리를 밀고 몸에 문신을 하고 사는 월나라 사람들에게 그런 모자가

필요하겠나?"

肩吾問於連叔曰, 吾聞言於接輿, 大而無當, 往而不反. 吾驚怖其言, 猶河漢而無極也, 大有逕庭, 不近人情焉. 連叔曰, 其言謂何哉. 曰, 藐姑射之山, 有神人居焉, 肌膚若冰雪, 淖約若處子, 不食 五穀, 吸風飮露. 乘雲氣, 御飛龍, 而遊乎四海之外. 其神凝, 使物不疵癘而年穀熟. 吾以是狂而不 信也. 連叔曰, 然, 瞽者無以與乎文章之觀, 聾者無以與乎鍾鼓之聲. 豈唯形骸有聾盲哉. 夫知亦有 之. 是其言也, 猶時女也. 之人也, 之德也, 將旁礴萬物, 以爲一世蘄乎亂, 孰弊弊焉以天下爲事. 之 人也, 物莫之傷, 大浸稽天而不溺, 大旱金石流, 土山焦而不熱. 是其塵垢粃糠, 將猶陶鑄堯舜者也, 孰肯以物爲事. 宋人資章甫而適諸越, 越人斷髮文身, 無所用之. 堯治天下之民, 平海內之政, 往見 四子藐姑射之山, 汾水之陽, 窅然喪其天下焉.

소요유 6

혜시가 장자에게 말했다.

"위왕이 나에게 박씨를 하사하여 그것을 심었더니,

안의 씨앗만 다섯 섬이 될 정도로 큰 박이 열렸다네.

처음엔 그 박에 물을 담으려 했지. 하지만 껍데기가 단단하지 않아

들어올릴 수 없더군. 그래 이번엔 반으로 쪼개 무엇을 담아두는 용도로

쓰려 했지만, 너무 커서 담을 만한 것을 찾을 수 없었다네.

결국 그 쓸모없는 박을 때려 부숴버렸지 뭔가."

장자가 말했다.

"송나라에 대대로 솜을 빠는 일을 해 온 집안이 있었네.

그 집안에는 손을 트지 않게 하는 비약을 만드는 방법도 함께 전해지고

있었지.

어느 날 한 나그네가 그 비약 제조법을 일백 금에 팔라고 제안했네.

솜 빠는 일로 근근히 생계를 이어가던 그 집안사람들은 흔쾌히 약방문을

팔았지. 약방문을 얻은 나그네는 그 길로 오나라 임금을 찾아갔네.

당시 오나라는 월나라와 한겨울 수전을 앞두고 있었지.

나그네는 일백 금에 얻은 약방문을 이용해 월나라와의 수전을 승리로

이끌고 봉지를 하사받았다네.

보시게. 똑같이 손을 트지 않게 하는 기술을 가지고서 어떤 이는 봉지를

얻고 어떤 이는 솜 빠는 일에서 벗어나지 못했네.

왜 그대는 다섯 섬들이 큰 박을 물건 담는 용도로만 생각하여

그 쓸모없음을 고민했는가?

그 크고 속이 빈 조롱박을 물에 띄워 놓고 강과 호수에서 헤엄치는 데

쓸 수도 있지 않았겠는가?

아마도 그대는 쑥처럼 꽉 막힌 마음을 가진 모양이네."

惠子謂莊子曰, 魏王貽我大瓠之種, 我樹之成而實五石, 以盛水漿, 其堅不能自擧也. 剖之以爲瓢,
則瓠落無所容. 非不呺然大也, 吾爲其無用而掊之. 莊子曰, 夫子固拙於用大矣. 宋人有善爲不龜手
之藥者, 世世以▓澼絖爲事. 客聞之, 請買其方百金. 聚族而謀曰, 我世世爲▓澼絖, 不過數金. 今
一朝而鬻技百金, 請與之. 客得之, 以說吳王. 越有難, 吳王使之將. 冬, 與越人水戰, 大敗越人, 裂
地而封之. 能不龜手一也, 或以封, 或不免於▓澼絖, 則所用之異也. 今子有五石之瓠, 何不慮以爲
大樽而浮乎江湖, 而憂其瓠落無所容. 則夫子猶有蓬之心也.

혜시가 장자에게 말했다.

"여기 큰 가죽나무가 한 그루 있네.

이 나무의 몸통은 옹이로 울퉁불퉁하여 먹줄자를 댈 수도 없고,

가지들은 굽어서 규구(사각형과 원형의 틀)를 쓸 수도 없다네.

이런 까닭에 길가에 서 있어도 목수가 쳐다보지조차 않지.

이 가죽나무처럼 자네의 말은 크기만 크고 쓸모가 없으니 사람들이

버리는 것일세."

장자가 말했다.

"자네에게 큰 나무가 있는데 그것이 쓸모가 없어 걱정하는 것이로군.

그 나무를 광활한 들, '고향'라고 불릴 것이 없는 곳(무하유지향)에

심어 놓으면 어떤가?

그 곁을 유유히 소요하다 그 아래에서 잠을 청할 수도 있지 않을까?

도끼를 비롯해 그 나무를 헤칠 것이 없는 것은 바로 '쓸모가 없는' 까닭

이야. 그러니 그 나무에게 피로하거나 고통스러울 일이 있겠는가."

惠子謂莊子曰, 吾有大樹, 人謂之樗. 其大本擁腫而不中繩墨, 其小枝卷曲而不中規矩, 立之塗, 匠
者不顧. 今子之言, 大而無用, 衆所同去也. 莊子曰, 子獨不見狸狌乎. 卑身而伏, 以候敖者. 東西跳
梁, 不避高下. 中於機辟, 死於罔罟. 今夫斄牛, 其大若垂天之雲. 此能爲大矣, 而不能執鼠. 今子有
大樹, 患其無用, 何不樹之於無何有之鄕, 廣莫之野, 彷徨乎無爲其側, 逍遙乎寢臥其下. 不夭斤斧,
物無害者, 無所可用, 安所困苦哉.

장자 마음 교육
젊은 부모를 위한 장자 이야기

발행일 1쇄 2024년 12월 31일

지은이 이성미
펴낸이 여국동

펴낸곳 도서출판 인간사랑
출판등록 1983. 1. 26. 제일-3호
주소 경기도 고양시 일산동구 백석로 108번길 60-5 2층
물류센터 경기도 고양시 일산동구 문원길 13-34(문봉동)
전화 031) 901-8144(대표) | 031) 907-2003(영업부)
팩스 031) 905-5815
전자우편 igsr@naver.com
페이스북 http://www.facebook.com/igsrpub
블로그 http://blog.naver.com/igsr
인쇄 하정인쇄 **출력** 현대미디어 **종이** 세원지업사

ISBN 978-89-7418-873-3 03370